JN085160

国際関係から学ぶ
ゲーム理論

国際協力を実現するために

岡田 章

Game Theory in International Relations
Achieving International Cooperation

有斐閣

はしがき

　グローバル化と情報化が飛躍的に進展した国際社会は、21世紀に入り地域紛争、国際テロ、地球環境問題、金融危機、関税戦争、移民問題、貧困、自国第一主義の台頭など多くの難問に直面している。これらの問題の解決のためには国際協力が必要不可欠であるが、国際社会の現状はその実現が容易でないことを示している。国際社会の諸問題の解決のためには歴史や個々の事例データから学ぶことも多いが、利害の対立、紛争、交渉、協力、貧困、援助など国際社会における人間や国家のさまざまな行動と社会現象のメカニズムを論理的、実証的に考察し理解することが大切である。

　ゲーム理論は、社会における複数のプレイヤー（人間、組織、国家など）の相互に依存する行動や意思決定を研究し、人間行動に基づいて社会の成り立ちや有り様を探究する学問である。ゲーム理論の視点と分析手法は、国際社会の諸問題の解決のために有効である。ゲーム理論を通じて、国際協力を実現するために人間の行動誘因（インセンティブ）と社会の仕組み（制度）をどのように変えればいいのかを学ぶことができる。

　本書は、国際紛争や国際協力の多くの題材を用いてゲーム理論を学習するための入門書である。日本でもすでに数多くのゲーム理論のテキストが出版されているが、主に経済学部の学生を対象に書かれていて、政治学を始めとする他分野の読者にはなじみのない用語や数式が多用され、学習の妨げとなっていることが多い。そのため、本書では数式の使用をできるだけ避け、ゲーム理論を初めて学ぶ読者のために、基本概念と例の説明を多くしている。ただし、第10章「自由貿易交渉」では、題材の性格上、数式の計算を必要とするが、高校数学のレベルを超えるものではない。

　ゲーム理論の「ものの見方と考え方」を学ぶことは政治学、政策科学、社会学、社会心理学などの社会科学の多くの分野の読者にとっても有益であると思う。経済学や経営学に比べると、国際関係の分野でのゲーム理論のテキストは多くない。特に、国際協力への応用を中心に書かれたゲーム理論のテ

キストは，国の内外を問わず少ない。

　経済学部の学生にとっても，国際問題へのゲーム理論の応用を学ぶことは応用ゲーム理論の科目として今後さらに重要である。また，国際協力の実務に携わる方々にとっても，ゲーム理論の知識を身につけることは，論理的議論が要求される国際交渉の現場で有効な道具をもつことになると思う。本書はゲーム理論の入門書であるが，国際協力に必要な制度形成（第 11 章）や信頼の文化的継承（第 12 章）などのトピックスに関する最新の研究成果についても解説している。本書が少しでも読者のゲーム理論の学習の手助けになれば，筆者にとってこれ以上の喜びはない。

　本書の執筆にあたっては，多くの方々から多大なるご支援をいただいた。本書の内容は，成城大学社会イノベーション学部の 2019 年度授業「国際協力・開発イノベーション論」での講義ノートに基づいている。社会イノベーション学部の中馬宏之先生は筆者が講義を担当することをお世話くださるとともに，ゲーム理論の研究討論にお付き合いくださった。中馬先生のご支援と励ましに深く感謝申し上げます。講義では，社会イノベーション学を専攻する学部生にゲーム理論を教えることができ，新しい刺激を受けることができた。ゲーム理論の視点から国際協力について考える機会を与えてくれた受講生の皆さんに感謝したい。駒澤大学の西村健先生，大阪経済大学の宮川敏治先生，横浜国立大学の無藤望先生は本書の原稿を読んで，大変に有益なコメントをくださった。特に，宮川先生は本書の全般を通じて詳細なコメントをくださった。ここに記して謝意を表します。

　最後に，有斐閣の渡部一樹氏には本書の企画，編集，出版について大変お世話になりました。ここに深く謝意を表します。

　　　2020 年 1 月

　　　　　　　　　　　　　　　　　　　　　　　　　岡　田　　章

目　　次

第 **1** 章

国際協力の課題と方法論

なぜゲーム理論の視点が有効なのか？

イントロダクション──

　国際社会では，国家や政府だけでなく非政府組織，利益者団体，企業，市民などのさまざまなプレイヤーが活動している。国際社会のプレイヤーは歴史，文化，言語，政治，経済，価値，生活環境などのさまざまな次元で異なっている。国際社会では多くのプレイヤーがそれぞれの目的や価値を求めて行動し，互いに影響を及ぼし合う。ゲーム理論は相互に依存する人間や国家の行動と意思決定，さらに社会の成り立ちやあり方を研究する学問である。

　利害の異なるプレイヤーはどのようにして対立を克服して協力できるだろうか？　貧困や不平等をなくすには，どのようにすればいいだろうか？　国際社会の諸課題の解決のためには，利害の対立，紛争，交渉，協力，貧困，開発援助などの国際協力に関わるさまざまな人間行動と社会現象のメカニズムを論理的，実証的に研究することが大切であり，ゲーム理論の視点と分析方法が有効である。ゲーム理論は，国際協力を実現するために，人間の行動誘因（インセンティブ）と社会の仕組み（制度）をどのように変えればいいのかを探究する。

1　国際協力の理念

　20世紀前半に二度の悲惨な世界戦争を経験した人類は，再び戦争を繰り返さないように**国際連合**（United Nations：UN）を創設した。国連憲章の前文は，国連の創設に参加した国々のすべての人民がもつ理想と共通の目的を

次のように表明している。[1]

　「われら連合国の人民は，われらの一生のうち二度まで言語に絶する悲哀を人類に与えた戦争の惨害から将来の世代を救い，基本的人権と人間の尊厳及び価値と男女及び大小各国の同権とに関する信念を改めて確認し，正義と条約その他の国際法の源泉から生ずる義務の尊重とを維持することができる条件を確立し，一層大きな自由の中で社会的進歩と生活水準の向上とを促進すること，並びに，このために，寛容を実行し，且つ，善良な隣人として互に平和に生活し，国際の平和および安全を維持するためにわれらの力を合わせ，共同の利益の場合を除く外は武力を用いないことを原則の受諾と方法の設定によって確保し，すべての人民の経済的及び社会的発達を促進するために国際機構を用いることを決意して，これらの目的を達成するために，われらの努力を結集することに決定した。よって，われらの各自の政府は，サンフランシスコ市に会合し，全権委任状を示してそれが良好妥当であると認められた代表者を通じて，この国際連合憲章に同意したので，ここに国際連合という国際機構を設ける。」

　国連憲章の前文は，参加国のすべての人民が，基本的人権，人間の尊厳と価値，および男女，大小各国の同権に関する強い信念をもち，自由，社会的進歩と生活水準の向上，国際平和と安全，人民の経済的，社会的発達を実現するために協力して努力を結集することを誓っている。
　また，国連憲章の前文は，国家中心から人間中心への国際協力の変化を示している。協力の主体は**国家**（state）ではなく**人民**（people）である。国家の利害対立が引き起こした悲惨な世界大戦の反省から，国際平和を実現するためには，国家だけでは不十分で不完全であり，国際社会におけるすべての人民が主体的に行動することが必要であると決意した。国家や政治家が対立する場合でも，人民の平和に対する信念と努力によって紛争や戦争を防ぐことができる。
　国際社会では，国家や政府機関だけでなく，地域自治体，非政府組織

（NGO），利益者団体，企業，市民などさまざまな行為主体（ゲーム理論では，**プレイヤー**と呼ぶ）が存在する。また，国際社会のプレイヤーは，歴史，宗教，地理，政治，経済，社会，文化，慣習，教育，価値，生活環境などさまざまな次元で異なっている。国際社会では，多くの多様なプレイヤーがそれぞれの理想や価値，目的を実現しようと行動し，その行動は他のプレイヤーの行動の選択に影響を及ぼす。プレイヤーの行動は互いに影響し合い相互作用する。このような状況を，**相互依存状況**という。ゲーム理論は，国際社会を複数のプレイヤーの相互依存状況とみる。

国際協力の分野は，広範囲である。国際社会の平和と安定，軍縮，核不拡散，原子力の平和利用，国際犯罪テロ，宇宙，地球環境，気候変動，開発援助，難民支援，科学技術，防災，保健・医療，自由貿易，知的財産権，共有資源管理などを含むさまざまな分野で国際協力が求められている。[2]

国際協力の重要な活動は，国際社会における貧困をなくし，人々の豊かさと幸福を実現することである。国際開発の従来のアプローチでは経済的な豊かさが重視されたが，**国連開発計画**（United Nations Development Programme: UNDP）は 1990 年に発表した「人間開発報告書」で，人間の福祉（wellbeing）を促進するための新しいアプローチを提唱した。[3] **人間開発**とは，単に人々が生活する経済の豊かさを拡大するだけではなく，人間生活そのものの豊かさを拡大することである。新しいアプローチは，人々の機会と選択を重視し，経済成長の追求を超えて，より一層，人々の生活の改善を目指す。新しい人間開発の中心は，人々自身が価値あるものとする人生を生きてゆくための自由を拡大することである。そのためには，人々がその潜在的能力を十分に開発し，生産的で創造的な人生を生きることを選択できる環境を作ることが求められる。

2000 年に国連は「国連ミレニアム宣言」を採択し，**ミレニアム開発目標**（Millennium Development Goals: MDGs）として，国際社会の支援を必要とし 2015 年までに達成する 8 個の目標を発表した。[4]

1. 極度の貧困と飢餓の撲滅。
2. 普遍的な初等教育の達成。

3. ジェンダー平等の推進と女性の地位向上。

4. 乳幼児死亡率の削減。

5. 妊産婦の健康の改善。

6. HIV/エイズ，マラリア，その他の疾病のまん延防止。

7. 環境の持続可能性を確保。

8. 開発のためのグローバルなパートナーシップの推進。

ミレニアム開発目標は，2016 年からはより包括的な**持続可能な開発目標**（Sustainable Development Goals: SDGs）に引き継がれ，国際社会が 2030 年までの実現を目指す 17 個の目標が設定されている。

2 国際協力学の課題

国際協力を探究する**国際協力学**は，社会科学の経済学や政治学と同じように，学問として二つの側面をもつ。一つは，「サイエンスとしての国際協力学」であり，他の一つは，「問題解決学としての国際協力学」である。サイエンスとしての国際協力学の課題は，利害の対立，紛争，交渉，協力，貧困，開発援助など国際協力に関わるさまざまな人間行動と社会現象のメカニズムの論理的，実証的および統一的な理解を探究することである。一方，問題解決学としての国際協力学の課題は，国際協力の諸問題に対する実践的な解決策を提示することである。

サイエンスとしての国際協力学の基本的な問いは，「なぜ人間は協力するのだろうか？」，「どうして国際社会において貧しい国と豊かな国があるのだろうか？」である。また，問題解決学としての国際協力学の基本的な問いは，「利害の異なる人間はどのようにして対立を克服して協力できるだろうか？」，「国際社会から貧困や不平等をなくすには，どのようにすればいいのだろうか？」である。

国際協力学は実践的な学問であり，世界中の多くの研究者や実務家，一般の市民が国際協力の諸問題の解決に向けて日々精力的に活動している。このように国際協力学は問題解決学としての性格が強い学問であるが，医学と同

じように，国際社会の対立や貧困などの病気を治すためには，なぜこのような社会的な病気が発生するのかを研究することが必要不可欠であり，サイエンスとしての国際協力学が発展しなければならない。また，サイエンスとしての国際協力学は，国際社会における現実問題の解決のためにある。二つの側面が互いに補完し合って，国際協力学が国際社会における人々の豊かさと幸福の実現に貢献することが期待されている。

広範囲にわたる国際協力学の課題に答えるためには一つの学問分野の方法論や成果だけでは不十分である。国際協力学の発展のためには，歴史学，思想，地理学，法学，経済学，政治学，社会学，心理学，生物学，情報科学，工学，環境学，医学など多くの学問分野の知見が必要である。国際協力学は，学際的な学問分野である。

国際協力学においても，自然科学や社会科学の他の学問分野と同じように，分析の視点として，マクロ（巨視的）分析とミクロ（微視的）分析の二つがある。**マクロ分析**では，問題を巨視的にとらえ，GDP（国内総生産），経済成長率，インフレ率，不平等尺度などの社会経済の集計された変数の統計データを通じて，国際協力の現状や解決策を考察する。言わば，「森の全体を外から見る」アプローチである。これに対して，**ミクロ分析**では，問題を微視的にとらえ，利害の対立や協力，貧しさと豊かさの背後にある人間の相互作用の性質やメカニズムを分析する。マクロ分析と比較すれば，ミクロ分析は「森の中に入って見る」アプローチである。

二つのアプローチは互いに補完し合い，国際協力学の研究にとって等しく重要である。マクロ分析には，マクロ経済学や統計学の知識が必要であり，日本でも多くの書物が出版されている。本書では，国際協力学のミクロ分析のための基本理論として**ゲーム理論**（game theory）の基礎を解説する。国際協力の事例分析を中心に，読者にゲーム理論の「ものの見方や考え方」を提供したい。

3 ゲーム理論の有用性

　ゲーム理論は，経済や社会における複数のプレイヤー（人間，企業，組織，国家など）の相互に依存する行動や意思決定を研究する学問である。ゲーム理論は，国際社会を複数のプレイヤーの相互依存状況として認識し，利害の対立や協力，貧しさと豊かさの背後にある人間の相互作用のメカニズムを研究する。そして，国際協力を通じて豊かさを実現するために，どのように人間の行動誘因（インセンティブ）と社会の仕組み（制度）を変えればいいのかを研究する。

　ゲーム理論は，20世紀の大数学者である J. フォン・ノイマン（1903-1957）と経済学者の O. モルゲンシュテルン（1902-1977）が 1944 年に共著『ゲーム理論と経済行動』を出版することによって創設された。二人は，それぞれ米国のプリンストン高等研究所とプリンストン大学でゲーム理論の研究を行った。その後，ゲーム理論は経済学の分野で精力的に研究され，現在では，広範囲の学問分野——経済学，経営学，政治学，社会学，法学，社会心理学，哲学，倫理学，物理学，生物学，情報科学，工学，農学，環境科学など——で活発に研究されている。ゲーム理論が人文科学，社会科学，自然科学，工学の分野で広く応用されている理由は，複数の自律した行動主体（プレイヤー）の相互依存状況というゲーム理論の研究対象が，人間社会（生物社会）を研究する学問分野で共通に見出されるからである。

　「ゲーム」理論という名前の由来は，ゲーム理論では，人間社会を，複数のプレイヤーが社会のルールを守りながら，それぞれの目標を実現するために対立したり協力しあったりする一つの**ゲーム**とみなすからである。このようなゲーム理論の社会認識は，すでに 18 世紀に出版された近代経済学の父と呼ばれるアダム・スミス（1723-1790）の著書『道徳情操論』の中の「人間社会のゲーム」（the game of human society）という語句の中に見出される。

　ゲーム理論が考察する問題は，人間関係（家族，結婚，友人，恋人，同僚，

上司関係など），市場取引，市場デザイン，契約，賃金交渉，組織ガバナンス，グループ・ネットワーク形成，環境保護，共有資源管理，教育選択，政治，投票行動，集団意思決定，貿易交渉，開発援助，国際協調の枠組み作り，生物進化など多岐にわたる。

　ゲーム理論では，さまざまな人間の相互作用の**理論モデル**を作り，モデル分析によって人間行動と社会の有り様について一定の仮説命題を導出する。さらに，得られた命題を現実のデータと比較することによりその妥当性をテストする。ゲーム理論は，統計データの背後にある人間行動と社会の相互作用のメカニズムを研究し，「人間はどのように行動するか，人間の相互作用はどのような結果を社会にもたらすか」について理解，予測することを可能にする。

　ゲームは，次のような基本的な特徴をもつ。

1. 複数のプレイヤーが参加する。
2. プレイヤーはそれぞれの目標を実現するために可能な行動の中から一つ（または複数）を選択する。
3. プレイヤーの目標の達成は，自分自身の行動ばかりでなく他のプレイヤーの行動の選択にも依存する（相互依存関係）。
4. プレイヤーはゲームのルールを守らなければならない。

　ゲーム理論のキーワードは，プレイヤーの**インセンティブ**とゲームの**ルール**である。ゲーム理論では，人文科学や社会科学の他の学問分野と同じように，人間はデタラメに行動するのではなく，人間の行動にはある意味や意図があると考える。人間行動の誘因としては，欲望，希望，情念，感情，理想，価値，利益，コスト，利己的動機，利他的動機など多種多様である。ゲーム理論や経済学では，これらの人間の行動誘因を総称してインセンティブと呼ぶ。ゲーム理論では，インセンティブに従って行動するプレイヤーを**合理的**（rational）なプレイヤーと呼ぶ。

　社会における人間のインセンティブは，親から子への生物学的遺伝の他に，文化や社会環境，教育などの社会的文脈によって形成されるものである。国際協力の成功には，啓蒙，教育，科学的知識の普及など，人々のイン

センティブに影響を与え望ましい方向に変える活動も必要となる。

　ゲームのルールとは，法律，制度や社会規範など人間行動を規定する社会の取り決めのことである。ゲームに参加するプレイヤーはゲームのルールを守らなければならないが，国際社会では，ゲームのルールがどのように遵守されるかが重要な問題である。また，ゲームのルールは固定的なものではない。もしゲームのルールが望ましくなければ，プレイヤー自身がルールを創造し，変革することが可能であり，国際協力のためのルール・枠組み作りは国際協力が実現するために大きな役割をもつ。しかし，現実社会では多くの場合，ゲームのルールをめぐってプレイヤーが対立し，協力行動だけでなくゲームのルールに関してもプレイヤーの間で合意，協力が必要とされる。

　標準的な（新古典派）経済学では，市場経済における自由競争が経済的な豊かさを生み出すと考えるが，ゲーム理論は競争と協力が混在する場として市場の役割を考える。経済取引は，買い手と売り手，生産者と消費者の協力の結果であり，企業活動が円滑に行われるためには経営者と労働者の協力が不可欠である。さらに，市場メカニズムが適切に機能しない経済状況では，プレイヤーによる協力が豊かさを生み出す。

　ゲーム理論からみた国際協力の成功の鍵は，プレイヤーのインセンティブとゲームのルールをどのように変えて国際協力を可能にするかである。そのためには，人々の意識を変え，制度変化をもたらす**社会イノベーション**が必要である。イノベーションとは，変化や新しいアイディアの導入を意味する広い概念であり，ゲーム理論の分析視点は，社会イノベーションの創造に有用である。

　最後に，国際協力に関するゲーム理論の知見は，次のように要約できる。

　第一に，人間の相互作用の結果はただ一つではなく，対立，協力，貧しさ，豊かさなどの多様な社会状態が起こりうる。利害の異なる人間はいつも協力するわけではないが，状況を共通に理解し，話し合いや交渉，社会制度の変革，創造を通じて自発的に協力することが可能である。

　第二に，豊かな国は，資源が豊富にある，貧しい国を搾取した，偶然の幸運に恵まれた等から豊かになったわけでなく，文化や社会制度と人間行動

が相互に関連しながらよりよく機能した結果，人々の協力が可能となり，資本，技術，教育が広範囲に蓄積され豊かになったのである。

まとめ

⑴　ゲーム理論は，国際社会における複数のプレイヤー（人間，企業，国家など）の相互に依存する行動や意思決定を研究する学問である。

⑵　人間行動の誘因（インセンティブ）には，価値，利益，コスト，利己的動機，利他的動機などさまざまなものがある。

⑶　ゲームのルールとは，法律や制度，社会規範など人間行動を規定する社会の取り決めである。

練習問題

①　国際協力を必要とする国際社会の課題を一つ述べなさい。

②　国際社会のゲーム的な状況を一つとり上げ，第3節で説明したゲームの四つの特徴をもつかどうかを調べなさい。

注

1）　国連憲章の前文は，国際連合広報センターの HP から引用している。
http://www.unic.or.jp/info/un/charter/　最終アクセス日 2020 年 2 月 5 日。

2）　外交政策の記述は，外務省の HP を参考にしている。
https://www.mofa.go.jp/mofaj/gaiko/index.html　最終アクセス日 2020 年 2 月 5 日。

3）　人間開発報告書の内容は，UNDP の HP を参考にし，引用している。
http://hdr.undp.org/en/humandev　最終アクセス日 2020 年 2 月 5 日。

4) ミレニアム開発目標の内容は，UNDP 駐日代表事務所の HP から引用して
いる。
http://www.jp.undp.org/content/tokyo/ja/home/sdg/mdgoverview/
mdgs.html　最終アクセス日 2020 年 2 月 5 日。

コラム1

「人生とはゲームなんだよ」

ゲーム理論は，人間社会を，複数のプレイヤーがルール（法，規範，道徳など）を守りながら，それぞれの目標や価値を実現するために対立したり協力し合う一つの「ゲーム」とみなす。

永遠の青春小説として多くの人に読まれ続けている J. D. サリンジャーの『キャッチャー・イン・ザ・ライ』で，主人公のホールデン少年が学業不良のためペンシー高校を退学させられ，別れの挨拶に歴史のスペンサー先生を訪ねさい，スペンサー先生は

'Life is a game, boy. Life is a game that one plays according to the rules.' (J. D. Salinger)

「人生とはゲームなんだよ，あーむ。人生とは実にルールに従ってプレイせにゃならんゲームなんだ」（村上春樹訳）

とホールデン少年を諭した。ホールデン少年は人生の目標や価値を見出せずにいるが，目標や価値を探すプロセスもゲームの一部である。

ゲーム理論は，それぞれの価値を追求するプレイヤーがどのように協力して幸福で豊かな社会を作れるかを探究する学問である。

J. D. Salinger [1958] *The Catcher in the Rye*, Penguin Books.（村上春樹訳『キャッチャー・イン・ザ・ライ』白水社，2006 年。）。

第**2**章

国際協力の難しさ

なぜ協力するのか？

イントロダクション────────────────

　地球環境問題，核兵器や国際テロなどのグローバルな問題の解決の
ためには国際協力が必要である。しかし，現実の国際社会では，国，
地域，民族間の対立や紛争がなくならない。国際協力の実現には，「人
間はなぜ協力するのか？」という根源的な問いについて考える必要が
ある。

　国際協力の難しさは，協調問題，ただ乗り問題，協力の評価，の三
つの視点から考えられる。協調問題は，「相手が協力すれば協力する
が，協力しなければ協力しない」という状況である。ナッシュ均衡と
は，どのプレイヤーも一人だけ行動を変更するインセンティブをもた
ない行動の組であり，協調問題は複数の均衡をもつ。ただ乗り問題は，
「相手の行動に関わらず協力しない」という状況であり，プレイヤーは
相手にだけ協力させて利益を得る（ただ乗り）インセンティブをもつ。
協力の評価には効率性と公平性の二つの視点がある。効率性の代表的
な概念はパレート効率性（最適性）であるが，公平性の基準はさまざ
まである。公平性をめぐる対立のために国際交渉が失敗し，国際協力
が実現できない場合が多い。

1 人間はなぜ協力するのか？

　なぜ国際協力するのか？　国際協力に関して多くの人々がもつこの素朴な
疑問は，国際協力学の基本的な問題である。近年，国際社会における国々や
人々の相互依存関係はますます緊密になり，私たち一人ひとりの財産や生命

13

を脅かす地球環境問題，核兵器，疫病や国際テロの発生などのグローバルな問題は，一つの国や一人の人間の努力だけでは解決できず，地球上のすべての国や人間の**協力**が必要である。このような国際協力の必要性について異論を唱える人は少ないであろう。しかし，現実の国際社会では，国，地域，民族間の対立や紛争はなくならず，国際協力が国連憲章の理念に沿って進展しているとは言い難い。自由貿易協定など各国の経済的利益が対立する状況は，さらに国際協力が困難である。また，国際開発の分野では，開発の目標，戦略をめぐって途上国と先進国の対立が激しくなることが多い。「なぜ援助するのか？」という疑問が国際援助の合意形成の障害となっている。

　第 1 章で述べたように，国際連合の創設以後，国際協力の主体が国家から人間に変化していて，国際協力のより根本的な問いとして「人間はなぜ協力するのか？」について考える必要がある。そのさい，この問いの二つの意味を区別することが有用である。一つは，「人間はなぜ協力しなければならないのか？」という**規範的**（normative）な意味であり，もう一つは，「現実の人間はなぜ協力するのか（あるいは，協力しないのか）？」という**実証的**（positive）な意味である。

　協力に対する二つの問いは，互いに関連していてコインの両面である。協力の規範的な問いに対しては，人道主義，倫理，正義，責任，義務，奉仕精神，自己利益などの要因から答えることができ，協力の規範は，私たちの現実の行動に大きな影響を与える。一方，協力の規範が私たちの実際の行動と大きくかけ離れるならば，それは「絵に描いた餅」となってしまう。国際協力は，第三者から強制されるものではなく，プレイヤーが自ら自発的に行うものであり，「人間はなぜ協力するのか？」という実証的な問いがより重要となる。これは，「人間の本性（humanity）とは何か？」という根源的な問いであり，人文・社会・生命科学の学問分野に共通した探究課題である。

　生物学の立場からは，人間も生物であるから，人間性は生物進化の産物として考えられる。生物進化の基本的な考えは，C. R. ダーウィン（1809-1882）の自然選択説である。自然環境によりよく適応できる個体（遺伝子）が子孫を増やし繁殖し，適応できない個体は淘汰される。協力行動を含む生物のさ

まざまな行動（形態）は遺伝子によってプログラム化されていて，生物個体は言わば生存機械である。遺伝子の役割は，ひたすら自らのコピーを増やそうとするものであり，生物学者の C. R. ドーキンスは比喩的に「利己的遺伝子」(selfish gene) と名付けた。アリやハチなどの社会性昆虫の行動やライオンやサルの群れ行動，類人猿の援助行動など自然界で観察される動物の多くの協力行動がゲーム理論によって説明可能であることが進化生物学者によって明らかにされている。生物学で始まったゲーム理論の新しい分野を**進化ゲーム理論**(evolutionary game theory) という。

　近年，心理学の分野では，生後 1, 2 年の幼児の援助行動を示す多くの実験データが提示され，トマセロ [2013] は「ヒトは助けるように生まれてくる（そして育てられる）」と論じている[1]。人間の行動は生物学的遺伝のみによって決定されるものでなく，親から子への教育や他人との交流による模倣や社会学習などの文化的継承が人間社会の顕著な特徴である。人間の行動誘因は，生物学的遺伝と社会の文化によって形成される。

　人間行動の動機として，**利己的** (selfish) と**利他的** (altruistic) の二つが考えられる。利己的動機をもつ人は，自分自身の利害だけに関心をもち，他の人の状態に無関心である。これに対して，利他的動機をもつ人は，自分のことよりも他の人の幸福や厚生を願い，協力や援助の価値を自分のものとして内在化している。人間の協力行動は，利他的動機ばかりでなく利己的動機からも説明可能である。利己的動機をもつ人間は，自分の快感や利益のために他人と協力したり他人を助けることができる。国際協力の二つの視点としてしばしば議論される人道的立場と国益の重視は，国レベルでの利他的動機と利己的動機に対応している。

　人間の行動誘因に関するゲーム理論や経済学の標準的な考えは，次のようなものである。人間の本性が利他的であっても利己的であっても，人間は行為の結果（社会状態）について「自分にとっての望ましさ」を順序づけて判断できる。望ましさを示す順序を**選好順序** (preference ordering) という。人間は目標志向的であり，可能な限り最も望ましい結果を実現しようと行為する。選好順序を表す数値指標を**効用** (utility) または**利得** (payoff) とい

う。序数的な効用や利得は数字の大小だけが意味をもち，その値自体に意味はない。経済学やゲーム理論では，合理的なプレイヤーは自分の効用や利得を最大にするように行動すると仮定する。

　ある人が他人を助けるとき，その行為が利他的動機からなのか，利己的動機からなのかは，第三者にはわからない。この場合，ゲーム理論や経済学では，この人は援助することの方が援助しないより望ましいと判断していると仮定し，援助行動から高い効用，利得を得るとする。

　経済学やゲーム理論の分析では，通常，個人は多くの財を消費したい，自分の金銭的利得を大きくしたいという利己的な動機をもつと仮定されるが，このような人間の利己的な性向を合理的と考えているわけではない。また，「利己的な個人」の仮定が経済学やゲーム理論にとって必要不可欠なものでもない。むしろ，程度の差はあれ，自分の幸福や利益を追求するという利己的な動機が現実の人間行動の背景にあると考えられ，より現実的な仮定として，利己的な個人を想定するのである。このことは，多様な利害関係が錯綜する現実の国際社会では一層あてはまる。利己的なプレイヤーの間でいかにして協力関係が実現するかという難問に挑戦することが，国際協力学の大きな課題である。

　近年，行動経済学の分野では，多くの経済実験データによって，現実の人間は利己的な選好だけでなく，他人の利益にも関心を示す**社会的選好**（social preference）をもつことが明らかにされている。有名な**最後通告ゲーム**（ultimatum game）の実験では，二人の被験者が一定の金額（例えば，1,000円）の分配を交渉する。交渉のルールは，一人の被験者が分配を提案し，他の被験者が提案を受け入れるか，拒否するかを選択するというものである。提案が受け入れられれば，交渉が成立し，二人の被験者はそれぞれ合意された金額を実際に受け取る。提案が拒否されれば，交渉は成立せず，二人の被験者の利得はゼロである。もし被験者が自分の利得を大きくすることにのみ関心がある利己的な個人であれば，応答者にとっては，1円でももらえるならば提案を受け入れることが合理的な選択である。提案者がこの事実を合理的に推論すれば，最適な行動は，自分が999円，相手が1円を得る

分配を提案することである。このような不平等な提案は応答者が利己的な動機をもつ限り受け入れられる。

　しかし，相手に1円しかあげないような分配は，ほとんどすべての被験者によって拒否される。これまでに世界中で実施された数多くの実験データは，際立った規則性をもつ。相手の取り分のモード（最頻値）は4割から5割であり，平均値は3割から4割である。また，4割から5割の金額のオファーはほぼ受け入れられる一方，2割以下のオファーは約50%の頻度で拒否される。

　最後通告ゲームの実験データは，被験者が「自分の金銭的利得のみを最大化する」利己的な動機をもつという仮説を明確に否定している。均等分配をほとんどつねに受け入れ，2割以下のオファーを約50%の頻度で拒否するという行動は，応答者が**互恵主義**（reciprocity）に沿った行動原理をもつことを示している。互恵主義は「親切な行動には親切な行動でお返しをし，不親切な行動には不親切な行動で仕返しをする」という行動様式である。この行動様式の下では，応答者は相手からの約5割の金額のオファーを親切な行動と認識し，相手にも親切にして提案を受け入れる。一方，応答者は2割以下のオファーを不親切な行動と認識し，自分の損失（利得がゼロ）があっても提案を拒否し相手にとって不親切な行動で仕返しをする。

　相手に約5割の金額をオファーする提案者の行動は，二通りに解釈できる。一つは，提案者は相手も金銭的利得を得ることに喜びを感じる利他的な選好をもつというものである。もう一つは，相手の互恵主義的な応答を合理的に予測して，自分の利得の期待値を最大にするために，拒否される可能性の低い均等分配に近い分配を提案するというものである。

　どちらの解釈が提案者の行動をより適切に説明できるかを調べるために，最後通告ゲームのルールを変更した**独裁者ゲーム**（dictator game）の実験も数多く実施されている。ゲームは，一方の被験者が分配を提案して終了する。相手の被験者が提案に応答する機会はない。実験データによると，相手にオファーする金額の平均値は分配総額の約2割である。この結果は，利他的選好をもつ被験者が一定の割合で存在することを示しているが，独裁者

ゲームでのオファー額が最後通告ゲームでのオファー額より低いことから，最後通告ゲームの提案者は，相手の互恵主義的な行動を予測して戦略的に行動したと考えられる[2]。

2 協 調 問 題

ゲームの三つの基本要素は，**プレイヤー**，**行動**（または戦略）と**利得**である。プレイヤーは，複数の可能な行動のうち一つを選択し，プレイヤーの行動の組み合わせによって一つの社会状態が定まる。プレイヤーは起こりうる社会状態に関して一定の選好順序をもち，選好順序は利得として数値化されているものとする。以下では，国際協力の難しさを，協調問題，ただ乗り行動，協力の評価，という三つの視点から考える。

表 2-1 の**利得表**で表されるゲームを考える。利得表の行と列は選択可能な行動を意味し，「協力する」と「協力しない」の二通りがある。ゲームは「自分」と「相手」の二人ゲームであり，「自分」は行を選択するプレイヤー（行プレイヤー）であり，「相手」は列を選択するプレイヤー（列プレイヤー）である。二人のプレイヤーは互いに相手の選択を知らないで行動を選択するとする。四つの可能な行動の組み合わせに対してプレイヤーの利得が対応し，左の数字が行プレイヤーの利得，右の数字が列プレイヤーの利得を表す。利得表のこの見方は，本書を通じて同じである。

表 2-1 利得表（協調問題）

自分＼相手	協力する	協力しない
協力する	5，5	0，1
協力しない	1，0	1，1

このゲームは次のような特徴をもつ。自分が協力するとき，相手も協力してくれれば最大利得5を得るが，相手が協力しなければ利得が0になる危険（リスク）がある。一方，協力しなければ，相手の行動が何であろうと

利得 1 が得られる。「協力する」は，ハイリターン・ハイリスクな行動であり，「協力しない」は安全な行動である。

ゲームは，「相手が協力するなら自分も協力するが，相手が協力しないなら自分も協力しない」という国際協力でしばしば直面する相互依存状況を示していて，**協調問題**（coordination problem）と呼ばれている。協調問題の名前は，プレイヤーにとって相手と協調して同じ行動を選択した方が有利であることから来ている。

ゲーム理論の課題は，相互依存状況で「どのように行動するのが合理的であるか？ 現実の人間はどのように行動するだろうか？」という問題を，理論的，実証的に研究することである。

表 2-1 のゲームで二人が協力を選択するならば，ともに利得 5 を得る。もし一人のプレイヤーだけが行動を変更して協力しなければ，そのプレイヤーの利得は 5 から 1 に減少してしまう。このような行動の組み合わせを，**ナッシュ均衡**という。ナッシュ均衡は，J. F. ナッシュ（1928-2015）によって提案されたゲーム理論の基本概念である。

一般に，ナッシュ均衡とは，どのプレイヤーも一人だけ行動を変更しても利得が上がらず，行動を変更するインセンティブをもたないような行動の組み合わせである。ナッシュ均衡では，どのプレイヤーも行動を変更しようとしないため，プレイヤーの行動の落ち着く先を示すと考えられる。

表 2-1 の協調問題で，二人が協力を選択する以外にナッシュ均衡はあるだろうか？ 利得表から，もし一人だけが協力して相手が協力しない状態は，どちらかのプレイヤーは行動を変更した方が有利なので，ナッシュ均衡ではない。二人がともに協力しない状態は，どのプレイヤーも一人だけで行動を変更すると利得は 1 から 0 に下がるので，ナッシュ均衡である。協調問題は，（協力する，協力する）と（協力しない，協力しない）の二つのナッシュ均衡をもつ。

ゲームが複数のナッシュ均衡をもつ場合，プレイヤーは，他のプレイヤーがどのような行動を選択するか判断に迷い，分析者は，プレイヤーの行動を予測することが難しい。このような問題を，**複数均衡問題**という。複数の均

衡が存在する場合，ゲームがどの均衡に落ち着くかは，プレイヤーが相手の行動をどのように予測するか，互いの行動に対する**期待**（expectation）によって決定される。プレイヤーのもつ期待によってどの均衡も起こる可能性がある。一般に，複雑な国際社会のゲームでは複数の均衡が存在し，国際社会で何が起きるかを予測することは本質的に困難である。

　協調問題の二つのナッシュ均衡を比較すると，協力する均衡では協力しない均衡より二人のプレイヤーはともに大きな利得 5 を得る。すなわち，協力する均衡は協力しない均衡よりゲームに参加するプレイヤー全員（この場合は二人）にとって望ましい。このようなとき，二人が協力する行動の組み合わせは協力しない均衡を**パレート支配**するという。また，いかなる行動の組によってもパレート支配されない均衡は，**パレート最適**（Pareto optimal）であるという。協調問題では，協力する均衡はパレート最適であり，協力しない均衡はパレート最適ではない。パレート最適でない均衡が実現することを，**協調の失敗**（coordination failure）という。国際協力が成功するためには，協調の失敗を防ぐことが重要である。

　国際協力で直面する多くの問題は，協調問題としてとらえることができる。以下では，協調問題の応用として，国際開発における汚職の問題を考えてみよう[3]。

　発展途上国の汚職の蔓延は，国際援助による資金が適切に投資されないなど国際開発の大きな障害となっている。国際 NGO であるトランスペアレンシー・インターナショナル（Transparency International）は，毎年 180 の国・地域の公的機関の汚職度を 100 点満点で数値化した腐敗認識指数（corruption perception index）を発表している[4]。2019 年のランキングは，トップ 3 はデンマーク，ニュージーランド，フィンランドであり，ワースト 3 はソマリア，南スーダン，シリアである（日本は 20 位）。

　表 2-2 のような業者（行）と政治家（列）の汚職ゲームを考える。業者と政治家の行動は，不正行為をするかしないかである。汚職は双方が不正をするときに発生する。プレイヤーの利得は，双方が不正をしない状況を基準にとり，（不正をしない，不正をしない）行動の組み合わせに対して二人のプ

レイヤーの利得を1と設定している。他の行動の組み合わせに対する利得は，基準の状況から比較してプレイヤーの望ましさを表している。

表 2-2 汚職ゲーム

業者＼政治家	不正をする	しない
不正をする	5，5	0，1
しない	1，0	1，1

　表 2-2 の汚職ゲームの利得表は，表 2-1 の協調問題と同じである。ゲームは汚職が発生するナッシュ均衡と発生しないナッシュ均衡が存在する。汚職が発生するナッシュ均衡は，業者と政治家に双方にとって望ましく（業者と政治家にとって）パレート最適である。しかし，市民にとっては望ましくないナッシュ均衡である。このように，誰をプレイヤーと考えるかは，ゲーム理論の分析で重要である。

　汚職ゲームから次のことがわかる。汚職は，単にプレイヤーの倫理観や道徳の欠如だけで起きるのではなく，「相手が不正を受け入れるだろう」という互いの行動に関する期待が業者と政治家の間で形成されているときに起きる。行動のインセンティブが同じでも，期待の違いによって汚職のない均衡も汚職が発生する均衡もありうる。人々の期待は，個人的な見解や信念だけでなく歴史的背景や文化的要因，社会規範などによって形成される。

3 ただ乗り行動

　表 2-3 の利得表をもつゲームを考える。協調問題と同じように，自分と相手が協力するかしないかを選択するゲームであるが，一人が協力し相手が協力しないときの利得が異なる。協力しないプレイヤーは最大の利得7を得るが，一人だけ協力するプレイヤーは最小の利得0を得る。ゲームはプレイヤーが協力するためにはコストを負担しなければならない状況を表す。協調問題と異なり，「相手が協力してもしなくても，自分は協力しない

方が有利である」という特徴をもつゲームは**囚人のジレンマ**（prisoner's dilemma）と呼ばれている。ゲームのオリジナルなストーリーは第3章の第6節で述べる。

表 2-3　囚人のジレンマ

自分＼相手	協力する	協力しない
協力する	5，5	0，7
協力しない	7，0	1，1

　ゲームの利得表から，二人が協力しない行動の組がただ一つのナッシュ均衡であることがわかる。ナッシュ均衡では，二人はともに利得1を得る。二人がともに協力すれば，それぞれより大きな利得5を得るから，ナッシュ均衡はパレート最適でない。一方，二人が協力する行動の組はパレート最適であるが，ナッシュ均衡ではない。どのプレイヤーも自分だけ協力せずに最大利得7を得るインセンティブをもつ。二人全体でみれば協力した方が協力しない場合より望ましい。しかし，個々のプレイヤーは裏切って協力せずに高い利得を得ようとするので，協力を実現することは困難である。自分だけ協力せずに相手に協力させて大きな利得を得ようとする行動を，**ただ乗り**（free-riding）という。また，ただ乗りのために協力が実現しないことを**ただ乗り問題**という。

　一般に，利己的な個人は他人の協力行動にただ乗りするインセンティブをもち，ただ乗りは国際社会における協力の実現の大きな障害となる。例えば，発展途上国の農村で二人の個人が灌漑用水を作る状況を考える。村民は灌漑用水を作るためにコストを負担しなければならない。もし作られた灌漑用水を村民が誰でも利用できるならば，一人ひとりの農民はコストを負担せずに他の農民が作った灌漑用水を利用しようとするインセンティブをもつ。

　他の例は環境保護や軍備削減の国際条約である。環境保全よりも経済的利益を優先する国家や，他国よりも軍事的優位に立つことを望む国家は，自国だけは国際条約に参加せず，他国が合意する条約にただ乗りしようとする。

4 協力の評価——効率性と公平性

これまでみてきた協調問題や囚人のジレンマでは，協力行動は一通りであると想定されているが，現実社会では協力の仕方や結果は複数であることが一般的である。プレイヤーが協力に合意するためには，複数の協力の結果を評価，比較する必要がある。国際協力に関する主要な評価基準は，**効率性**（efficiency）と**公平性**（fairness）である。国際協力が実現するためには，参加するプレイヤーが二つの基準を満たす協力の方法を見出す必要があるが，果たして二つの基準は両立するだろうか？ また，評価基準の定義が明らかでない場合，基準の定義をめぐってプレイヤーが対立し，国際協力の妨げとなることが多い。

効率性とは，「無駄がない状態」を意味し，すべてのプレイヤーの総利得の最大化や総費用の最小化は効率性の基準の一例である。一般には，次の**パレート最適性**（またはパレート効率性）の概念が効率性の定義として広く受け入れられている。

二つの実現可能な（社会）状態 x と y に対して，すべてのプレイヤーにとって x の方が y より望ましいとき，x は y をパレート支配するという。そして，どのような実現可能な状態にもパレート支配されない状態はパレート最適であるという。パレート最適性の概念は，ゲームに参加するプレイヤーの集合と実現可能な状態の集合に規定される。簡単にいうと，実現可能な状態の中で，それ以上全員にとって望ましい状態がない状態をパレート最適という。一般に，パレート最適な状態は一つとは限らず，複数（しばしば無数に）存在する。

効率性の定義については研究者や一般の人々の間で大きな意見の対立はないが，公平性の定義をめぐっては多様な考え方がある。例えば，分配の公平性をめぐる議論では，平等主義の立場に立つ人は，「人間は平等であるから，全員に等しく富を分配すべきである」と主張する。これに対して，競争主義の立場に立つ人は，「貢献に応じて富を分配すべきである」と反論する。国

際交渉でも公平性の定義をめぐって国々が対立し，国際協力が失敗すること
が多い。

　公平性の基準についてプレイヤーは異なる意見をもつことが一般的である
が，公平性は権力者や外部の第三者によって強制されるべきでない。国際交
渉では，プレイヤーはそれぞれが信じる原理原則を主張すると同時に，互い
に譲歩して合意を目指す必要がある。

5　国際公共財

　協力は，**公共財**（public goods）と密接に関連する。経済学では，空気や水
などの自然資源，国防や公園などの公共サービスのように誰でも利用できる
財を公共財という。公共財の性質として「ある人の消費（利用）を排除でき
ない」（非排除性）と「ある人が消費しても他の人が消費する量や質を下げな
い」（非競合性）がある。この二つの性質を満たす公共財を，とくに，**純粋公
共財**という。二つの性質を満たすかどうかで，さまざまな財・サービスは表
2-4のように分類される。

表 2-4　財・サービスの分類

	排除性	非排除性
競合性	私的財 （食料品）	共有資源 （漁業，森林）
非競合性	クラブ財 （ケーブルテレビ）	公共財 （国防，国際条約）

　公共財も私的財と同じように，生産し供給するには費用がかかる。一方，
私的財と違って公共財は誰でも消費できる財であるので，誰がその費用を負
担して供給するのかという問題がある。公共財の性格上，費用を負担しなく
ても消費，利用できるので，利己的なプレイヤーは公共財にただ乗りするイ
ンセンティブをもち，誰も公共財の費用を負担しなくなる。これを，公共財
の**過少供給問題**という。国内の公共財であれば，公共財を供給することが政
府の大きな役割である。

消費の範囲が国際的な公共財を，特に**国際公共財**という。国際社会では公共財を供給する世界政府が存在しないため，国際公共財の供給問題はさらに深刻である。国際公共財の例として，地球環境（酸性雨防止，オゾン層保護，温暖化阻止など），国際交通ネットワーク，インターネット，科学，知識，自由，国際平和，国際金融市場，自由貿易ルールなどがある。国際公共財は，各国の協力を通じて自発的に供給され，紛争や環境破壊は国際公共財が適切に供給されない問題と考えられる。国際公共財の供給や維持，管理は，さまざまな国際機関（国連，WTO，WHOなど）を通じて行われる。国際機関や国際条約も国際公共財と考えられる。

　多くの国や地域の人々に共有される漁業資源や農林資源などの**共有資源**（common pool resource）は，公共財と同じく誰でも消費できるという非排除性をもつ。利己的なプレイヤーは私的利益を最大にする目的で資源を乱獲するインセンティブをもつため，共有資源が枯渇しプレイヤー全員にとって望ましくない結果となる。共有資源が効率的に維持，管理されない現象は，「共有地の悲劇」と呼ばれる。共有資源は**コモンズ**とも呼ばれる。

　一般に，個人の合理的な行動が社会全体に望ましくない結果をもたらす問題を，**社会的ジレンマ**という。公共財の過少供給，環境破壊，共有資源の乱獲は社会的ジレンマの典型的な例である。

　これまで社会科学の文献では，社会的ジレンマの解決として「国家による解決か市場による解決か」という二者択一の議論が多くなされてきた。国家による解決は，国家が個人の自由を制限して個人に協力を強制するものであり，つねに望ましいとはいえない。また，国家が正しい情報を保有するとは限らず，**政府の失敗**の可能性がある。一方，市場による解決では，市場メカニズムにより効率的な資源配分を実現しようとするが，公共財は**市場の失敗**の代表的な原因である。また，市場メカニズムは私的所有権を基礎とし，公共財の本来の性質が損なわれる。国家と市場による解決のいずれもが完全でないことは，20世紀末の旧社会主義諸国の崩壊とその後の世界銀行・国際通貨基金（International Monetary Fund：IMF）主導の市場改革による移行経済の混乱が示している。国家と市場に加えて，当事者の自発的な協力による

国際公共財や共有資源の**セルフ・ガバナンス**が一層，大きな役割をもつことが期待される。国際協力は，国際社会のセルフ・ガバナンスにとって不可欠なものである。

6 国際協力の重層的問題

この章では，人間のインセンティブ，期待，ただ乗り，協力の評価の視点から国際協力の難しさについて述べてきたが，国際協力の実現には四つの重層的な問題を解決しなければならない。

第一の問題は，**共通認識問題**である。国際協力のためには，当事者が科学的知識と客観的なデータに基づいて現状の問題点を共通に認識，理解することが必要である。国際協力の利益とコストについて各国の認識が異なれば，多国間協力の合意は困難である。問題の解決には，当事者の間でコミュニケーションが円滑に行われ，正しい情報が共有されることが前提となる。気候変動をめぐる国際交渉の初期では，地球温暖化の現状について自然科学者の間でさえ共通認識がなく，国際交渉を一層複雑なものにした。科学者による助言，政治家や政策担当者による二国間および多国間の国際外交，国際機関による情報発信や啓蒙活動，メディア，インターネット，NGOや市民レベルにおける交流などが共通認識問題の解決に大きな役割をもつ。

第二の問題は，**合意形成問題**である。国際交渉では，当事者が問題の解決の方法，手段，結果について合意する必要がある。実現可能な国際協力の結果はただ一つではなく複数，存在する。また，協調を実現する政策手段もただ一つではなく，どのような協力をどのような政策で実現するかについて各国が合意しなければならない。さらに，交渉のやり方についても当事者が合意する必要がある。第8章で説明するように，気候変動枠組条約交渉では，第三回締約国会議（COP3, 通称京都会議）で「京都議定書」が採択され，2008年から2012年の間に先進国全体として1990年比で5.2％の温室効果ガスの排出量を削減することとする先進国各国の削減目標が合意された。さらに，目標を実現するための政策手段として，共同実施，排出権取引やクリ

ーン開発メカニズムが合意された。

　第三の問題は，**合意遵守問題**である。国際交渉で当時者が合意に達成して
も合意が遵守されるための国際的な枠組みを構築する必要がある。一般に，
各国は国際協力の合意を遵守せずにただ乗りの利益を得ようとするインセン
ティブをもつ。合意が遵守される見込みがないと，実効ある合意形成は困
難である。気候変動枠組条約の京都議定書は，環境条約で初めて拘束力をも
つ合意として採択された。合意遵守のためのメカニズムとして，当事者によ
る行動の相互モニタリングや，遵守しないプレイヤーに対する制裁などがあ
る。

　第四の問題は，**自由参加問題**である。合意が遵守されるための国際的な枠
組みが構築されても，国際社会では主権国家の行動を強制する世界政府の
ような超国家組織は存在しない。当事者の自発的な参加によって国際協力の
枠組みが構築される必要がある。京都議定書は先進国だけが温室効果ガスの
削減を行い途上国が削減に参加しなかったため，当初から先進国と途上国の
間で対立があった。さらに，2001 年に最大の排出国である米国が京都議定
書から離脱したため，京都議定書は地球温暖化を阻止するための実効力を失
い，2015 年に新しい合意であるパリ協定がすべての国の参加によって合意
された。

　ゲーム理論は，国際協力の四つの重層的な問題を分析し解決策を見つける
ための理論的枠組みを提供する。以下の章では，国際協力の問題を分析する
ためのゲーム理論の基礎を解説する。

　　　ま　と　め

⑴　ゲームの三つの基本要素は，プレイヤー，行動（または戦略）と利得
　　である。

⑵　ゲームのナッシュ均衡は，どのプレイヤーも一人だけ行動を変更して
　　も利得が上がらない行動の組である。

⑶　ある社会状態がパレート効率的であるとは，すべてのプレイヤーが好む他の実現可能な社会状態がないときをいう。

⑷　公共財とは，自然資源や公園などのように誰でも利用できる財・サービスのことである。利用の範囲が国際的である公共財を国際公共財という。

　練 習 問 題

①　第1節の最後通告ゲームの実験では，多くの被験者は総金額の約4割を相手に分配する提案を選択することが報告されている。この実験結果をどのように説明できるかを述べなさい。

②　日常社会や国際社会で複数のナッシュ均衡が存在するゲーム的状況を一つ述べなさい。

③　分配の公平性にはどのような考え方があるかを調べなさい。

　注
　1)　Warneken and Tomasello［2006］は，2歳の幼児が10の異なる状況で大人を手助けするかどうか（手の届かないものを取ってあげる，手がふさがっているときに戸棚の扉を開けてあげるなど）を実験で調べ，24人中22人が少なくとも1回の手助けをほとんどただちに行ったことを報告している。また，3匹のチンパンジー（1匹は年齢36カ月で2匹は年齢54カ月）が「手が届かないものを取ってあげる」問題で人間（飼育員）を手助けすることを報告している。
　2)　最後通告ゲームと独裁者ゲームの実験研究については，Camerer［2003］を参照している。
　3)　説明は Wydick［2008］を参考にしている。
　4)　各国の腐敗認識指数については，国際 NGO トランスペアレンシー・インターナショナルの HP から引用している。
　　　https://www.transparency.org/　最終アクセス日 2020 年 2 月 5 日。

コラム2

カントの『永遠平和のために』

　哲学者の I. カント（1724-1804）は，著作『永遠平和のために』で世界の永遠平和を実現する構想を提唱している。カントは，国際社会が一つの世界国家となり永遠平和を実現するという理想論でなく，永遠平和のための実現可能な方策として，各国家は共和的体制となり自由な諸国家の連合によって永遠平和が構築されるべきであると主張している。

　　永遠平和のための第一確定条項
　　　　各国家における市民的体制は，共和的でなければならない。
　　永遠平和のための第二確定条項
　　　　国際法は，自由な諸国家の連合制度に基礎を置くべきである。

　共和的体制とは，「第一に，社会の成員が（人間として）自由であるという原理，第二に，すべての成員が唯一で共同の立法に（臣民として）従属することの諸原則，第三に，すべての成員が（国民として）平等であるという法則」（28-29頁）に基づいて設立された体制である。
　カントは，永遠平和を保証するのは，互いの利己心を通じて諸民族を結合するという自然の摂理であり，「この保証は，永遠平和の到来を（理論的に）予言するのに十分な確実さはもたないけれども，しかし実践的見地では十分な確実さをもち，この（たんに空想的ではない）目的に向かって努力することをわれわれに義務づける」（71頁）と述べている。
　ゲーム理論は，「それぞれの目的を追求する複数の自由なプレイヤーの間でいかにして協力が実現するか」を探究する。現在，生物と人間を問わず，生命を研究対象とする自然科学，人文科学や社会科学のさまざまな分野で協力問題の研究が精力的に行われている。

　　Immanuel Kant［1795］*Zum ewigen Frieden, Ein philosophischer Entwurf.*（宇都宮芳明訳『永遠平和のために』岩波文庫，1985年。）

第**3**章

対立と協力が混在する世界

どちらの結果に落ち着くのか？

イントロダクション─────

　国際社会では対立と協力の可能性が混在する。国際社会のさまざま
な相互依存関係はゲームのモデルを用いて表現できる。二国が相手国
に対して軍事的優位を追求するパワー・ゲームは「相手の利得はこち
らの損失」であるゼロ和二人ゲームであり対立状態が生ずる。これに
対して，国際社会の多くの状況は協力によって双方がよくなる非ゼロ
和ゲームであり，協力状態が均衡結果となりうる。純粋協調ゲームで
は，相手と協調して同じ行動をとることが合理的であるが，相手の行
動に関する期待がとるべき行動を決定する。軍縮交渉は協力の仕方に
利害対立が生ずる非対称な協調問題である。

　双方が平和な状態を好むにもかかわらず，相手国の軍備増強に対抗
して軍備増強を行う安全保障政策によって軍事的緊張が高まることを
「安全保障のジレンマ」という。安全保障のジレンマ状況では，平和と
対立の二つの結果が起こりうる。軍備増強競争，環境汚染，共有資源
の乱獲など国際社会の多くの対立状況は「囚人のジレンマ」と呼ばれ，
ゲームのナッシュ均衡はパレート最適ではない。

1 バランス・オブ・パワー

　国際社会では対立，競争，協力の可能性が混在する。この章では，国際社
会におけるさまざまな相互依存状況を記述する代表的なゲームのモデルを説
明しよう。この章のゲームは，すべて二人ゲームである。

国際政治の**バランス・オブ・パワー**（勢力均衡）論によると，国家は武力的手段を用いて相手国より軍事的優位（パワー）を追求すると考えられている。二大国の**軍備増強競争**を考える。国家の戦略は，軍備増強するか，現状維持の二通りである。可能な戦略の組み合わせに対する二国のパワー分布は，表3-1のようである。表3-1ではパワーの大きさを利得の値としている。

表 3-1　バランス・オブ・パワー

自国＼相手国	現状維持	軍備増強
現状維持	5 , 5	3 , 7
軍備増強	7 , 3	5 , 5

二国がともに現状維持を選択すれば，国家間で軍事力の差がなく，それぞれの軍事的パワーは5であり，パワー分布は均等である。もし一国だけが軍備増強すれば，相手国より軍事的に優位になり，パワーを7に増やすことができる。一方，現状維持を選択する相手国のパワーは3に下がる。二国間のパワー分布は均等でなくなる。もし双方が軍備増強すれば，軍事力に差がなくそれぞれの国のパワーは5であり，パワー分布は均等である。

軍備増強競争における自国の意思決定を考えてみよう。もし相手国が現状維持を選択するならば，国家は軍備を増強することで最大のパワー7を獲得できるので，自国の最適戦略は軍事増強することである。このとき，「軍事増強」は，相手国の「現状維持」に対する**最適応答**（best response）という。もし相手国が軍備を増強するならば，自国はそれに対抗して軍備増強することが最適であり，相手国の「軍備増強」戦略に対する自国の最適応答は，「軍備増強」である。すなわち，相手国の戦略が何であろうと，自国の最適応答は「軍備増強」である。相手国の最適応答も同様である。

一般に，プレイヤーの二つの戦略aとbに対して，相手の戦略が何であろうと，戦略aの利得の方が戦略bの利得よりも大きいとき，戦略aは戦略bを**支配**（dominate）するという。合理的なプレイヤーは支配される戦略を選択しない。表3-1では，「軍備増強」は「現状維持」を支配している。

このような二国の最適応答により，軍備増強競争はただ一つのナッシュ均衡（軍備増強，軍備増強）をもつことがわかる。二国は互いに軍備を増強し，パワー分布は均等する（勢力均衡）。パワー分布がナッシュ均衡のパワー分布と同じでも（現状維持，現状維持）の戦略の組み合わせはナッシュ均衡ではないことに注意しよう。どの国も戦略を変更するインセンティブをもつ。軍備増強競争のゲームは，国家が相手国より軍事的に優位に立とうとする国益の追求が軍備増強の原因であることを示している。

　バランス・オブ・パワー論によると，無政府状態である国際社会では軍事的パワーで劣る国家は他国に侵略される危険があり，国家存続のために国家は軍事的パワーを追求せざるをえない。その結果，国家間のパワーは均等化し，国際社会の安定な秩序が保たれる。表3-1の軍備増強ゲームのナッシュ均衡により，このようなバランス・オブ・パワーの議論を説明できるが，国家の軍備増強競争が国際社会の安定な秩序を実現するとは必ずしもいえない。また，安定した秩序が平和状態であるとは限らない。現実には，国家間の軍事対立がエスカレートする結果，国家間の緊張が高まり大規模戦争に拡大する危険がある。ゲーム理論を用いた紛争と平和のより詳しい分析は，第6章で説明する。

　表3-1の利得表では，すべての戦略の組み合わせにおいて二国の利得（パワー）の和は10である。このようなゲームを**定和ゲーム**（constant-sum game）という。均等パワー5を基準にとり，5からの増減を利得にすれば，表3-1は表3-2のように変換される。

表 3-2　ゼロ和ゲーム

自国＼相手国	現状維持	軍備増強
現状維持	0 , 0	−2 , 2
軍備増強	2 , −2	0 , 0

　表3-2のゲームでは，プレイヤーの利得の和はゼロであるので，ゲームは**ゼロ和ゲーム**（zero-sum game）と呼ばれる。定和ゲームとゼロ和ゲームは

利得の基準点が異なるだけであり，二つのゲームに本質的な違いはない。ゼロ和でないゲームを**非ゼロ和ゲーム**（non-zero-sum game）という。非ゼロ和ゲームでは，二人のプレイヤーは現状より望ましいウィン・ウィン関係を見出すことができ，協力の可能性が生ずる。

　ゼロ和二人ゲームは，「私の利得はあなたの損失」という相互依存関係を表し，プレイヤーの利害は完全に対立する。ゼロ和二人ゲームでは，プレイヤーの間で協力の余地はない。二国間で平和の実現，経済協力，人的交流などの国際協力を実現するためには，国家が軍事的パワーだけでなく経済的利益や国民の福祉を考慮するように国家の行動原理を変え，国家関係をゼロ和ゲームから非ゼロ和ゲームに変える必要がある。

　国際社会で対立が発生したとき，状況がゼロ和二人ゲームか非ゼロ和二人ゲームかを見極めることが大切である。もし非ゼロ和ゲームならば，協力の可能性がある。もしゼロ和ゲームであるならば，選択肢を広げ，ゲームのルールを非ゼロ和ゲームに変更する努力が必要である。

2 純粋協調ゲーム

　自動車が道路のどちらの側を運転するかという交通ルールは国によって異なる。日本や英国，英国の旧植民地の国は左側通行であるが，米国，ヨーロッパやアジア，アフリカの多くの国は右側通行である。交通ルールの選択をゲームのモデルを用いて考える。

　表3-3の利得表は，道路の反対方向から自動車を運転している二人のプレイヤーが右側通行か左側通行を選択する状況を表す。プレイヤーは互いに同じ側を選択することがよく，違う側を選ぶと相手と衝突して最悪の結果となる。

　このゲームでは，行動の如何に関わらず，相手と協調して同じ行動を選択することが重要なので，**純粋協調ゲーム**（pure coordination game）と呼ばれている。ナッシュ均衡は，（右側通行，右側通行）と（左側通行，左側通行）の二つである。プレイヤーにとってはどちらの均衡でも利得は同じである。

表 3-3　純粋協調ゲーム

自分 ＼ 相手	右側通行	左側通行
右側通行	1, 1	0, 0
左側通行	0, 0	1, 1

　純粋協調ゲームでは，プレイヤーの間で利害の対立はないが，互いの行動に関する期待が一致しないとナッシュ均衡が実現しない。このことを（右側通行，右側通行）のナッシュ均衡でみてみる。均衡では，プレイヤーは互いに相手が右側通行を選択すると期待する。そして，この期待の下で最適な行動として各々は右側通行を選択する。すなわち，プレイヤーが相手の行動に関してもつ期待は実際に選択する行動と一致する。別のことばで説明すると，ナッシュ均衡では相手の行動に関するプレイヤーの事前予想が正しいことが事後的にわかる。このようなプレイヤーの期待は，**自己充足的**（self-fulfilling）であるという。ナッシュ均衡は，個々のプレイヤーが自己充足的な期待の下で最適戦略をとっている状態である。

　純粋協調ゲームの本質は，どちらのナッシュ均衡が実現するかという複数均衡問題である。プレイヤーは，評判，規範，文化，歴史，シグナルなどを手掛かりに同じ均衡を予想しなければならない。プレイヤーの期待形成の助けとなる文化的，社会的，物理的な要因を**フォーカル・ポイント**という。

3 軍 縮 交 渉

　二大国，A 国と B 国が保有する兵器の削減を交渉する状況を考える。削減する兵器の種類は核兵器と通常兵器の二通りであり，A 国は核兵器の削減を好み，B 国は通常兵器の削減を好む。また，二国とも相互に同じ兵器を削減することを好み，違う兵器の削減を独立に実施することを好まないとする。可能な戦略の組み合わせに対する二国の利得は表3-4で与えられる。表3-4で，A 国は行プレイヤーであり，B 国は列プレイヤーである。A

表 3-4 軍縮交渉ゲーム

A 国 ＼ B 国	核兵器	通常兵器
核兵器	2 , 1	0 , 0
通常兵器	0 , 0	1 , 2

国と B 国は協力して軍縮を実施することを望むが，どの兵器を削減するかについて利害が対立する。

　表 3-4 の軍縮交渉ゲームは，前節の純粋協調ゲーム（表 3-3）と同じように，プレイヤーは互いに相手と協力した方が望ましいが，協力の仕方に関してプレイヤーの利得が異なり非対称な協調問題である。軍縮交渉ゲームは純粋協調ゲームと異なり，プレイヤーは協力と対立の二つの異なる動機をもつ。表 3-4 より，ゲームは削減する兵器の種類によって（核兵器，核兵器）と（通常兵器，通常兵器）の二つのナッシュ均衡をもつことがわかる。

　表 3-4 のゲームは**男性と女性の争い**（battle of the sexes）と呼ばれている。オリジナルな物語は，プレイヤーは恋人や夫婦関係にある男女で，デートの行き先として野球を観に行くかバレエを観に行くかの二通りがある。男性は野球を好み，女性はバレエを好む。二人は一緒にデートすることを好むが，行き先で対立する。

4 安全保障のジレンマ

　隣り合う A 国と B 国は現状を維持して平和な状態を好むが，相手国が軍備を増強する可能性があると，自国だけ現状を維持すれば相手国との軍事バランスが崩れ，自国にとって最悪な状況となる。このようなリスクを避けるために，双方とも軍備を増強するインセンティブをもつ。平和な状態を好むという意図に反して，安全保障政策によって双方の軍事的緊張が高まることを，**安全保障のジレンマ**（security dilemma）という。

　安全保障のジレンマは，表 3-5 の利得表で表すことができる。A 国（行

表 3-5　安全保障のジレンマ

A 国　　　　B 国	平　和	軍備増強
平　和	5，5	0，3
軍備増強	3，0	1，1

プレイヤー）と B 国（列プレイヤー）の戦略は，平和（戦力の現状維持）か軍備
増強である。双方とも平和戦略を選択すれば，A 国と B 国とも最大の利得
5 を得る。もし一国もしくは二国が軍備を増強すれば，軍事的緊張が高ま
り，A 国と B 国ともに平和より状況が悪くなる。軍事的に対立する場合，
A 国と B 国とも起こりうる状態を，「相手より軍事的に優位になる」（利得
3），「軍事的に差がない」（利得 1），「相手より軍事的に劣る」（利得 0）の順
序で選好する。

　利得表から，平和戦略はハイリターン・ハイリスクな戦略であることがわ
かる。もし相手も平和戦略をとれば最大利得 5 を得るが，相手が軍備増強
を選択すれば，最悪の利得 0 を得る。これに対して，軍備増強戦略は安全
な戦略である。相手の戦略によって利得は 3 か 1 であるが，最悪の事態を
避けることができる。ゲームのナッシュ均衡は，（平和，平和）と（軍備増
強，軍備増強）の二つである。また，A 国と B 国とも平和を好むので，（平
和，平和）はパレート最適な均衡である。

　安全保障のジレンマは，**鹿狩りゲーム**（stag hunt game）とも呼ばれる。オ
リジナルな物語では，二人の狩人が鹿を捕る（平和）か野ウサギを捕る（軍
備増強）かを選択する。鹿の狩猟が最も利益があるが，二人が協力しないと
狩猟できない。野ウサギは一人でも狩猟できるが，二人が野ウサギを捕る
と，一人あたりの野ウサギの数は減ってしまう。一人で鹿を捕ろうとする
と，狩猟できないので，最悪の結果となる。

5 タカ・ハト・ゲーム

　国際交渉では，交渉担当者は自国の利益のために強気な戦略をとろうと
するが，双方とも強気な戦略をとると交渉が決裂するリスクがある。交渉が
決裂するのであれば，譲歩して相手の要求を受け入れる弱気な戦略をとっ
た方がよい。交渉では，強気な戦略（タカ戦略）をとるか，弱気な戦略（ハト
戦略）をとるべきか，ジレンマに直面する。このような交渉のゲームは，表
3-6 の利得表で表される。表 3-6 のゲームは，**タカ・ハト・ゲーム**と呼ばれ
ている。また，弱気な戦略をとるプレイヤーは「弱虫（チキン）」と見ること
ができるので，タカ・ハト・ゲームは**チキン・ゲーム**とも呼ばれている。

　ゲームは（タカ，ハト）と（ハト，タカ）の二つのナッシュ均衡をもつ。
二つの均衡の間にパレート支配の関係はなく，プレイヤーは均衡選択をめぐ
って対立する。

表 3-6　タカ・ハト・ゲーム

自分　＼　相手	ハ　ト	タ　カ
ハ　ト	2，2	1，3
タ　カ	3，1	0，0

　現実の交渉では，さまざまな交渉の技術を用いてプレイヤーは交渉結果を
有利なものにしようとする。いま，一人のプレイヤーがある戦略をとると意
思表明でき，何らかの手段で相手に意思表明を信じさせることができると
仮定する。このとき，相手は表明された戦略に対して最適な戦略をとる。こ
の想定の下では，一方がハト戦略を表明すると，相手はタカ戦略をとる。ま
た，タカ戦略を表明すると，相手はハト戦略をとる。これらの予想される二
つの結果を比較して，プレイヤーは合理的にタカ戦略を表明し，交渉結果を
有利にできる。このような戦略の意思表明を**コミットメント**という。コミッ
トメントは交渉を有利にする戦略であるが，機能するためには，相手に信じ

させる必要がある。

　進化生物学者の J. メイナード・スミス（1920-2004）は，タカ・ハト・ゲームのモデルを用いて，動物のナワバリ争いの行動を分析した。

6　囚人のジレンマ

　二人の囚人が銀行強盗の容疑のため別々の部屋で検事の取り調べを受けている。囚人の戦略は，黙秘するか自白するかである。二人がともに自白すれば，銀行強盗の罪が確定し 8 年の刑となる。もし一人だけが自白すれば，自白した囚人の刑は司法取引によって 3 カ月となるが，自白しなかった囚人は最も重い 10 年の刑を受ける。二人がともに黙秘すれば，銀行強盗の罪は立証されないが拳銃の不法所持の余罪で 1 年の刑となる。囚人の戦略と刑期の関係は，表 3-7 にまとめられる。

表 3-7　囚人のジレンマ

自分 ＼ 相手	黙　秘	自　白
黙　秘	1 年，1 年	10 年，3 カ月
自　白	3 カ月，10 年	8 年，8 年

　囚人の選好は自分の刑期を最小にすることとする。表3-7から，囚人の最適戦略は，相手の戦略に関わらず自白することである。「自白」戦略は「黙秘」戦略を支配する。したがって，ゲームはただ一つのナッシュ均衡をもち，二人の囚人は罪を自白する。その結果，二人は 8 年の刑を受ける。これに対して，二人がともに黙秘すれば，銀行強盗の罪は立証されず，二人にとって有利である。つまり，ナッシュ均衡は，パレート最適ではない。

　二人の囚人は黙秘したいが，隔離されているため戦略について相談できない。たとえ二人が一緒に黙秘しようと約束しても，自分の刑期のみに関心のある利己的な囚人は，自分だけ自白すれば 3 カ月の刑になるので，相手を裏切るインセンティブをもつ。また，自分は約束を守っても相手が裏切れ

ば，最悪の結果となる。囚人は黙秘するか自白するかのジレンマに陥る（囚人のジレンマ）。

　囚人のジレンマは，軍備増強競争，環境汚染，共有資源の乱獲など国際社会の多くの対立状況で見出される。例えば，軍備増強競争は次のようにして囚人のジレンマとして考えることができる。安全保障のジレンマ（表3-5）の利得を変えて，二国は現状の平和を維持することよりも相手より軍事的に優位になることを最も重視するとする。このとき，利得表は表3-8のようになる。

表 3-8　軍備増強競争

A 国＼B 国	平　和	軍備増強
平　和	5，5	0，7
軍備増強	7，0	1，1

　表3-8では，各国の最適戦略は相手の戦略が何であろうと軍備増強であり，ゲームはただ一つのナッシュ均衡（軍備増強，軍備増強）をもつ。ナッシュ均衡では双方の国が軍備を増強し対立が深まる。平和を維持した方が双方にとって望ましいので，ゲームは囚人のジレンマと同じ構造をもつ。

ま　と　め

(1)　国際社会の相互依存状況は，ゼロ和二人ゲーム，純粋協調ゲーム，男性と女性の争い，安全保障のジレンマ，タカ・ハト・ゲーム，囚人のジレンマなどのモデルで表現できる。

(2)　相手の戦略が与えられたとき，自分の利得を最大にする戦略を相手の戦略に対する最適応答という。

(3)　ナッシュ均衡は，プレイヤーが互いの戦略に対する最適応答を選択している戦略の組み合わせである。

① 次の二人ゲームについて答えなさい。ゲームでは，プレイヤー1は
二つの行動 U と D をもち，プレイヤー2は二つの行動 L と R をもつ。
行動の組み合わせに対する利得は，左の数字がプレイヤー1の利得，
右の数字がプレイヤー2の利得を表す。

1 ＼ 2	L	R
U	3 , 5	6 , 1
D	5 , 3	2 , 2

(1) プレイヤー2の行動 L に対するプレイヤー1の最適応答はど
れか？ プレイヤー1の行動 U に対するプレイヤー2の最適応答
はどれか？

(2) 行動の組（D , L）はナッシュ均衡であるかどうか，理由を述
べて答えなさい。

(3) 行動の組（D , R）はパレート最適であるかどうか，理由を述
べて答えなさい。

② 日常社会や国際社会において安全保障のジレンマのモデルで表現でき
る状況を一つ述べなさい。また，囚人のジレンマのモデルで表現できる
状況を一つ述べなさい。

リアリズム，リベラリズムとコンストラクティヴィズム

現代の国際関係学では，リアリズムとリベラリズムという二つの世界観，理論の下，複雑な国際関係の諸現象が複眼的に探究されている（鈴木[2000]）。

リアリズムは，国際関係の本質を「国家間の闘争状態」ととらえる。そのような無政府状態では，自己の保存を目的とする国家はパワー（相対的な軍事力や権力）を追求し，国際社会では対立や紛争が頻繁に起こるとする。一方，リベラリズムは，国際社会は無政府状態にとどまるのでなく，人間社会とともに進歩，変化すると考える。社会経済文化の交流により相互依存関係が深まるにつれ，国家は経済的利益や民主主義的価値を優先するようになり，国家間で共通利益が拡大し国際協力が促進されるとする。リベラリズムは国際協力における制度の役割を重視する。本書の第11章では，国際協力のための制度形成の可能性を分析する理論モデルと実験結果を説明する。

リアリズムとリベラリズムの違いは，国際社会をどのようなゲームとしてとらえるかの違いといえる。リアリズムは国家関係を国家がパワーを追求するゼロ和ゲームであると考えるのに対して，リベラリズムは国家が経済的利益や民主主義的価値を追求する非ゼロ和ゲームであると考える。

他方，社会学の影響を受けた第三のアプローチであるコンストラクティヴィズム（構成主義）は，ゲームのルールを含む社会構造は固定されたものでなく，社会的文脈とエージェント（行為主体）で共有された言説や理念などの間主観的意味によって構成されるとする（ナイ＆ウェルチ[2018]）。コンストラクティヴィズムは，エージェントは利害だけでなくアイデンティティ，規範や文化などに動機づけられているとし，動機は社会的相互作用の産物であるととらえる。近年，ゲーム理論の分野では，選好の社会文化的進化などコンストラクティヴィズム的な議論を取り入れた新しい研究も進展している。第12章の道徳的価値（信頼）の文化的継承のゲームモデルは，その一例である。

第4章

多人数社会における相互依存関係

なぜ国際協力は難しいのか？

イントロダクション──

　世界には約 200 の国に約 77 億人の人が住んでいる。国際社会は多人数社会であり，二人だけの社会に比べて国際協力はさらに難しい。ゲーム理論を用いて，多人数社会における協力の困難さと協力を可能にするメカニズムを学ぶことができる。国や個人が国際貢献を選択する状況は，多人数囚人のジレンマのモデルを用いて表現できる。個々のプレイヤーにとっては協力しないことが合理的であり，その結果，協力は実現せずプレイヤー全員にとって望ましくない状況（環境汚染や軍備増強競争）が生ずる。

　国際貢献へのボランティア活動などで協力する人数が増えるにつれて協力のインセンティブが上がるとき，協力行動は戦略的補完性をもつという。戦略的補完性があるとき，協力のレベルが高い均衡と低い均衡の二つの結果が起こりうる。協力の人数が一定数（クリティカル・マス）を超えると，人々の合理的な行動の結果，協力する人数が徐々に増え，国際社会は協力のレベルが高い均衡に収束できる。

1 国際貢献

　国際協力の活動に n カ国（n は自然数）が自発的に貢献する状況を考える。各 $i = 1, \cdots, n$ に対して，第 i 国の貢献額を x_i とする。x_i は国際協力のために拠出する資金量を表し，$0 \leq x_i \leq w$ の実数である。w は各国が拠出できる貢献額の上限である。n カ国の貢献額の組み合わせ $x = (x_1, \ldots, x_n)$

に対して，総額 $x_1 + \cdots + x_n$ の規模の国際公共財が供給され，第 i 国は利得

$$f_i(x) = w - x_i + a(x_1 + \cdots + x_n) \tag{4.1}$$

を得る。パラメータ $a \ (> 0)$ は国際公共財 1 単位の増分から得られる 1 カ国あたりの利得の増分を表し，国際公共財の限界便益を表す。式 (4.1) の右辺の第 3 項は，貢献額の大小にかかわらず，各国は国際公共財から等しく便益を受けられることを示す。

　第 i 国の利得は $f_i(x)$ で貢献額 x_i の係数は $a - 1$ であり，貢献額 1 単位の増分に対する国際公共財の限界便益と私的費用の差を表す。これより，第 i 国の最適な貢献額 x_i^* は，次のようになる。

　$a > 1$ ならば，$x_i^* = w$ であり，$0 < a < 1$ ならば，$x_i^* = 0$ である。

　国際公共財の限界便益 a が貢献の費用 1 より大きければ，各国は自発的に最大限の貢献額を選択するが，限界便益 a が費用 1 より小さければ，各国は国際協力に貢献しない。各国の最適貢献額は，他の国の貢献額に依存しない。このゲームは，公共財の**自発的供給ゲーム**と呼ばれている。

　ゲームのナッシュ均衡は，国際公共財の限界便益 a の値によって異なる。$a > 1$ ならば，すべての国が最大の貢献額を選択し，利得 $a \times n \times w$ を得る。$0 < a < 1$ ならば，すべての国が貢献額ゼロを選択し，国際協力は実現せず利得は w である[1]。

　次に，ナッシュ均衡がパレート最適かどうかを調べよう。貢献額の総額を $X = x_1 + \cdots + x_n$ とおく。このとき，n カ国の利得の和は，

$$f_1(x) + \cdots + f_n(x) = nw + (an - 1)X$$

となる。$a > 1/n$ ならば，すべての国が最大の貢献額 w を選択することで，総利得が最大化される。これより，$a > 1$ のとき，ナッシュ均衡（すべての国が w だけ貢献する）はパレート最適である。$1/n < a < 1$ のとき，ナッシュ均衡（すべての国の貢献額がゼロ）はパレート最適ではない。すべての国が w だけ貢献すれば，各国の利得は $a \times n \times w$ であり，ナッシュ均衡利得 w

より大きい。$0 < a < 1/n$ のとき，ナッシュ均衡（すべての国の貢献額がゼロ）はパレート最適である。

　以上の分析をまとめると，ゲームの結果は表 4-1 のようになる。国際公共財の限界便益 a が貢献の私的費用 1 より大きいとき，ナッシュ均衡はすべての国が最大の貢献額 w を選択する状態であり，パレート最適である。国際公共財の限界便益 a が貢献の私的費用 1 より小さく $1/n$ より大きいとき，ナッシュ均衡はすべての国が貢献額ゼロを選択する状態であり，パレート最適でない。国際公共財の限界便益 a が $1/n$ より小さいとき，ナッシュ均衡はすべての国が貢献額ゼロを選択する状態であり，パレート最適である。

表 4-1　公共財供給ゲームのナッシュ均衡とパレート最適性

	$0 < a < 1/n$	$1/n < a < 1$	$1 < a$
ナッシュ均衡	$(0, \ldots, 0)$	$(0, \ldots, 0)$	$(w, \ldots, w)$
パレート最適	$(0, \ldots, 0)$	$(w, \ldots, w)$	$(w, \ldots, w)$

　条件 $1/n < a < 1$ が成り立つとき，(1)各国の最適戦略は他の国の貢献額にかかわらず，貢献額ゼロを選択する，(2)ただ一つのナッシュ均衡 $x^* = (0, \ldots, 0)$ はパレート最適でない，という二つの性質が成り立ち，公共財供給ゲームは第 3 章第 6 節の囚人のジレンマと同じ特徴をもつ。国際協力はすべての国にとって有益であるが，各国はただ乗りのインセンティブをもつため，国際協力の実現が困難である。以下の議論では，条件 $1/n < a < 1$ を仮定する。公共財供給ゲームは**多人数囚人のジレンマ**（multi-person prisoner's dilemma）である。

　多人数囚人のジレンマは，図を用いて表すとわかりやすい。各国は最大の貢献額 w を選択するか，貢献額ゼロを選択するかの二通りの戦略をもつとする。前者の戦略を C（協力，cooperation の略），後者の戦略を D（裏切り，defection の略）とする。第 i 国以外の $n-1$ 国の貢献額の合計を X_{-i} とすると，第 i 国の利得は，C を選択すると $a(w + X_{-i})$ であり，D を選択すると

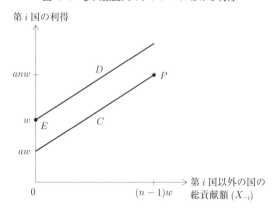

図 4-1　多人数囚人のジレンマにおける利得

$w + aX_{-i}$ である。図 4-1 は，第 i 国の二種類の利得のグラフを表している。図の横軸は第 i 国以外の国の貢献額の合計 X_{-i}，縦軸は第 i 国の利得を表す。直線 C は戦略 C をとるときの利得，直線 D は戦略 D をとるときの利得を表す。

　図 4-1 で，直線 D がつねに直線 C より上に位置するから，第 i 国にとって，他の国の貢献額が何であろうと，戦略 D をとる方が戦略 C をとるより利得は大きいことがわかる。すなわち，戦略 D は戦略 C を支配する。ナッシュ均衡ではすべての国が戦略 D をとる。点 E は，ナッシュ均衡における第 i 国の利得を表す。点 P は，すべての国が最大の貢献額 w を選択するパレート最適な状態を表す。図 4-1 は多人数囚人のジレンマのシェリング図（シェリング［2016］）と呼ばれている。

　多人数囚人のジレンマでは，他のプレイヤーの戦略の如何に関わらず，各プレイヤーは戦略 D を選択すれば戦略 C より高い利得を得るから，戦略 D は個人にとって合理的な戦略である。戦略 D を個人合理的な戦略という。ゲームに参加するプレイヤーは，ゲームのルールの下で実行可能な戦略の中から自由に戦略を選択できるという意味で自由な個人である。また，プレイヤーは，選好順序に従って最も望ましい戦略を自分の意思で選択できるという意味で，自律的な個人である。自由で自律的な個人の選択は，個人合理的

であるべきである。囚人のジレンマが難しい意思決定問題であるのは，自由な個人の合理的な戦略がすべてのプレイヤーにとって望ましくない結果をもたらすことである。全員が戦略 C をとる社会状態はパレート最適であり，戦略 C は集団合理的な戦略である。

囚人のジレンマの本質は，個人合理性と集団合理性が両立しないことである。個人の合理的な行動が集団にとって不合理な結果をもたらす。個人合理性と集団合理性の不一致は，社会における協力問題の核心であり，囚人のジレンマは協力問題を分析する基本モデルとしてさまざまな学問分野で研究されている。国際協力の重要な研究課題は，自由で合理的なプレイヤーがいかにして協力できるか，個人合理性と集団合理性を調和させるための社会制度の構築である。

2 コモンズ

ある湖の周りに n 個の工場があり，紙パルプの生産活動を行っている。各工場は，湖水を利用して紙パルプを生産して廃水を湖に排出する。工場の戦略は，生産廃水の浄化装置をつける (C) か，つけない (D) かの二通りである。浄化装置の設備費用は K 億円である。紙パルプの生産費用は湖水の汚染度 k に比例し，kL 億円である。ただし，k $(0 \leq k \leq n)$ は生産廃水を浄化しない工場数を表し，湖水の汚染度に対応する。L は浄化しない工場が一社増えるときの限界生産費用である。

戦略 C をとるとき，工場 i $(= 1, \ldots, n)$ の費用は $K + k_i L$ である。ただし，k_i $(0 \leq k_i \leq n-1)$ は工場 i 以外で戦略 D をとる工場数である。戦略 D をとるとき，工場 i の費用は $(k_i + 1)L$ である。$L < K$ のとき，他の工場の行動に関わらず，工場 i の費用は戦略 D をとるときの方が戦略 C をとるときより小さいので，戦略 D は戦略 C を支配する。戦略 D は工場 i の個人合理的な戦略である。ゲームはただ一つのナッシュ均衡をもち，すべての工場は浄化装置をつけず工場排水を湖に排出する。ナッシュ均衡では湖水は最大限に汚染され，各工場の費用は nL である。一方，すべての工場が

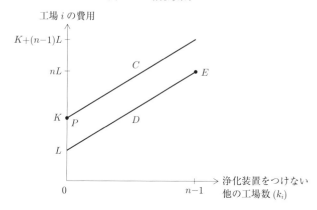

図 4-2 環境汚染ゲーム

工場 i の費用

$K+(n-1)L$

nL — C — E

K — P — D

L

0 ...... $n-1$ → 浄化装置をつけない
他の工場数 (k_i)

廃水の浄化装置をつければ，湖水は汚染されず $k_i = 0$ となるため，各工場の費用は K である。$K < nL$ のとき，すべての工場が戦略 C をとれば，各工場の費用はナッシュ均衡より小さくなるので，ナッシュ均衡はパレート最適ではない。条件 $L < K < nL$ が成り立つとき，環境汚染のゲームは多人数囚人のジレンマとなる。ゲームのシェリング図は，図 4-2 のようになる。点 E はナッシュ均衡における工場 i の費用，点 P はすべての工場が浄化装置をつけるパレート最適な状態における工場 i の費用を表す。

　環境汚染のゲームは，大気や湖水，森林，漁業などの共有資源の利用にあたって適切な規制がないとき，私的利益を追求する利己的なプレイヤーによって資源が乱獲され，共有資源が枯渇することを示している。この現象を，**コモンズの悲劇**という。

3 混 雑 現 象

　途上国のある都市では，夏期，住民がエアコンや冷蔵庫などを利用するため電力の消費量が上昇する。都市の電力設備が不十分なため，すべての住民が電力を使用すると停電する危険がある。住民の戦略は，節電する (C) か，しない (D) かの二通りである。住民一人あたりの電力消費量は，節電

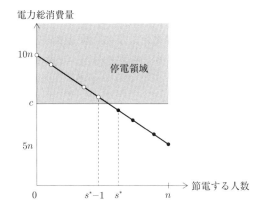

図 4-3 電力消費ゲーム

しないときは $10\,\mathrm{kWh}$（キロワット時）であり、節電するときは $5\,\mathrm{kWh}$ である。住民は、停電がないとき行動 D をとれば利得 U、行動 C をとれば利得 u、停電すれば利得 0 を得る。ここで、$0 < u < U$ とする。都市の人口を n とする。

停電する可能性は都市の電力総消費量 Q に依存し、Q が一定の臨界点 c を超えると停電し、超えないと停電しないとする。臨界点 c は、$5n < c < 10n$ の範囲とする。すなわち、都市の全住民が協力して節電すると停電しないが、全住民が節電しないと停電する。節電する人数と電力総消費量の関係は図 4-3 で示される。図の横軸は節電する人数、縦軸は電力総消費量を示す。電力総消費量が臨界点 c を下回る領域では停電しない。

停電しないために必要な節電する住民の最小数を s^* とおく。節電する人数が s^* 人以上であると停電しないが、節電する人数が s^* 未満であると停電する。

ゲームのナッシュ均衡における節電する人数を求めてみよう。節電する人数が s^* より大きい状態はナッシュ均衡ではない。なぜなら、節電する住民は一人だけ節電しなくても停電はせず、利得を u から U に増やすことができるからである。節電する人数が s^* である状態は、ナッシュ均衡である。節電するどの住民も節電を止めると停電し、利得は u から 0 に減少する。

節電しない住民は最大の利得 U を得ているから，戦略を変更するインセンティブがない。節電する人数が $s^* - 1$ である状態は停電するが，一人だけ節電すれば停電せず，戦略を変更する住民は利得を 0 から u に増やせるので，ナッシュ均衡ではない。節電する人数が $s^* - 1$ 未満である状態は停電し，どの住民も一人だけ戦略を変更しても停電を止めることができない。住民は戦略を変更するインセンティブをもたないので，ナッシュ均衡である。どの住民も戦略を変更してもしなくても利得は変わらないので，このようなナッシュ均衡を弱い均衡という。

　まとめると，ゲームは二種類のナッシュ均衡をもつ。一つの均衡では s^* 人の住民が節電するので停電が発生しないが，他の均衡では $s^* - 1$ 人未満の住民しか節電せず停電が発生する。前者の均衡では住民の利得は U か u であるが，後者の均衡では 0 である。したがって，前者の均衡は後者の均衡をパレート支配し，パレート最適な均衡である。しかし，この均衡では節電しない住民は最大の利得 U を得るが，節電する住民は低い利得 u しか得られないので，住民の間で節電をめぐって利害の対立がある。

　一般に，電力消費や交通利用のように許容範囲を超えて多くの人が利用することでサービスの質が低下する現象を，**混雑現象**という。混雑現象は途上国だけでなく先進国でも潜在的な利用者が多い状況では発生する。混雑問題を解決するためには，利用者の利害の対立を回避する調整が必要である。

4　戦略的補完性

　一般に，人々の協力行動について，協力する人数が少ないと個々の人々が協力するインセンティブが下がり，協力する人数が増えると協力のインセンティブが上がるという性質がある。例えば，ボランティア活動で，最初はボランティアに参加する人数が少なく，そのことが人々の活動に参加するインセンティブを減少させる。しかし，参加人数がある水準を超えると，自発的に参加する人数が増えることがしばしば観察される。このように，ある行動について，同じ行動をとる他の人の数が増えるにつれて個人の行動

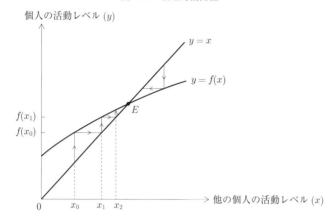

図 4-4　戦略的補完性

に対するインセンティブが大きくなるとき，行動は**戦略的補完性**（strategic complementarity）をもつという。行動する人数が増えるために必要な最小人数を**クリティカル・マス**（critical mass）という。

　国際協力においてプレイヤーの活動レベルを x とする。ただし，x は $0 \leq x \leq X$ の実数とする。議論の簡単化のため，全員の活動レベルは同じとする。他のプレイヤーの活動レベル x に対する一人のプレイヤーの最適な活動レベルを $y = f(x)$ で表す。関数 $f(x)$ はプレイヤーの最適応答を示す。図 4-4 はプレイヤーの最適応答関数のグラフを表す。最適応答のグラフが右上がりであれば，プレイヤーの行動は戦略的補完性をもつ。

　ナッシュ均衡では，全員が同じ行動 x を選択し，各プレイヤーの行動 x が他のプレイヤーの行動 x に対する最適応答 $f(x)$ と等しいから，$x = f(x)$ である。すなわち，ナッシュ均衡は最適応答曲線 $y = f(x)$ と 45 度線 $y = x$ の交点である。図 4-4 では，点 E がナッシュ均衡である。社会の初期状態が x_0（点 E の左側）にあるとき，すべてのプレイヤーが x_0 に対する最適応答 $f(x_0)$ を選択するから状態は x_0 から $x_1 = f(x_0)$ に移行する。さらに，状態 x_1 は x_2 に移行する。プレイヤーの活動レベルは徐々に増加し，ナッシュ均衡 E に収束する。初期状態が点 E の右側にあるときは，プレイヤーの活動レベルは減少し，ナッシュ均衡 E に収束する。

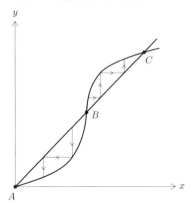

図 4-5 協力のクリティカル・マス

　最適応答のグラフが図 4-5 のようであれば，ナッシュ均衡は三つの点 A，B，C である。ナッシュ均衡 A では，すべてのプレイヤーの活動レベルは 0 である。ナッシュ均衡 C では，すべてのプレイヤーの活動レベルは高水準である。ナッシュ均衡 B の活動レベルは中間である。社会の初期状態が点 B より左側であれば，活動レベルは減少し点 A に収束する。これに対して，初期状態が点 B の右側であれば，活動レベルは増加し点 C に収束する。このとき，点 A と点 C を（最適応答に関して）安定なナッシュ均衡という。点 B は不安的なナッシュ均衡である。活動レベルが少しでも点 B から乖離すると，活動レベルは点 B から離れてしまう。点 B は協力のクリティカル・マスであり，活動レベルがそれを超えると，プレイヤーの合理的な戦略選択の帰結として「自然に」活動レベルは増加し，長期的に高い水準の活動レベルが実現する。

5 歴史経路依存性

　世界の国の数は 196 カ国，人口は約 77 億人（2019 年現在）である。国際社会は大多数のプレイヤーが参加するゲームである。大規模な母集団からランダムに選ばれた（それほど多くない）複数のプレイヤーがプレイするゲーム

表 4-2　純粋協調問題

	右側通行	左側通行
右側通行	1, 1	0, 0
左側通行	0, 0	1, 1

図 4-6　純粋協調問題の位相図

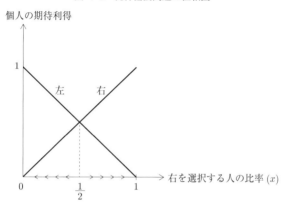

を，**ランダム・マッチング・ゲーム**という。ランダム・マッチング・ゲーム
は生物学の進化ゲーム理論の基本モデルである。この節では，ランダム・マ
ッチング・ゲームのモデルを用いて，社会規範や社会制度がどのように社会
に定着するかを考えてみよう。

　第3章第2節の純粋協調問題を再び考える。利得行列は表4-2のようで
ある。二人のプレイヤーは大規模な母集団からランダムに選ばれる。いま，
集団内で右側を選択するプレイヤーと左側を選択するプレイヤーの比率を x
対 $1-x$ とする。このとき，右側を選択するプレイヤーは，確率 x で同じ右
側を選択するプレイヤーと出会い，確率 $1-x$ で左側を選択するプレイヤー
と出会うので，利得の期待値は $1 \times x + 0 \times (1-x) = x$ である。同様にし
て，左側を選択するプレイヤーの利得の期待値は $0 \times x + 1 \times (1-x) = 1-x$
である。

5　歴史経路依存性　　53

表 4-3　技術選択ゲーム

	技術 A	技術 B
技術 A	4 , 4	0 , 0
技術 B	0 , 0	2 , 2

図 4-7　技術選択の位相図

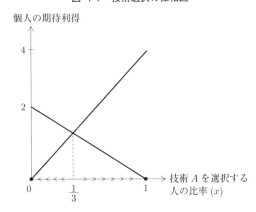

プレイヤーの期待利得は図 4-6 のグラフで示される。集団内で右側を選
択するプレイヤーの比率が 2 分の 1 より大きいとき，右側を選択するプレ
イヤーの期待利得の方が左側を選択するプレイヤーの期待利得より大きい。
このとき，プレイヤーは最適な戦略である右側を選択する。言い換えれば，
右側を選択するプレイヤーの比率が 2 分の 1 より大きい社会環境では，環
境により適応する戦略は右側戦略である。社会環境に適応する行動を，**適応
行動**（adaptive behavior）という。集団内の他のプレイヤーの行動を模倣す
ることも適応行動の一種である。

　集団内のプレイヤーが少しずつ適応行動を選択するとき，集団内の行動分
布が初期状態に依存して変化する。図 4-6 からわかるように，x の初期値が
2 分の 1 より大きいとき，集団内で右側を選択するプレイヤーの比率は徐々
に増加し，長期的には $x = 1$ に収束する。逆に，x の初期値が 2 分の 1 より

小さいとき，$x = 0$に収束する。$x = 1$および$x = 0$は社会進化のプロセスの安定な状態であるので，**進化的に安定**（evolutionary stable）な均衡と呼ばれている。社会進化の安定状態が，初期条件に依存する現象を**歴史経路依存性**という。図4-6を適応行動の**位相図**（phase diagram）という。

　適応行動の位相図を用いて，技術選択の問題を考えてみよう。二人の個人が技術規格AとBのうち一つを選択するとする。ゲームの利得表は表4-3で与えられる。もし二人が同じ規格を選択すれば，正の利得が得られるが，違う規格を選択すれば利得は0である。Aの方が優れた技術であり，個人は規格Aを選択すると最大利得4が得られる。ゲームは，個人が同じ技術規格を選択する二つのナッシュ均衡をもつ。

　適応行動の位相図は図4-7で示され，二つのナッシュ均衡は進化的に安定であり，優れた技術がつねに選択されるとは限らないことがわかる。技術規格Aが普及するためのクリティカル・マスは3分の1（技術Aを選択する人数の割合）である。

　　まとめ

(1)　国際貢献や国際公共財の問題は，多人数囚人のジレンマとして表現できる。
(2)　多人数社会では，コモンズ，混雑現象，戦略的補完性などの相互依存関係がある。
(3)　社会進化のプロセスでは人々が徐々に社会環境に適応する行動を選択する結果，社会は進化的に安定な状態に収束する。

　　練習問題

①　日常社会や国際社会で多人数による協力問題の状況を一つとり上げ，

この章で学んだゲームのモデルで表現できるかどうかを考えなさい。

② 第3章第4節の安全保障のジレンマのゲームについて，本章第5節の適応行動の位相図を描いて平和状態が進化的に安定な均衡となる初期条件を調べなさい。

注 ————————————————————————————————

1) $a = 1$ の場合は，第 i 国の利得が貢献額 x_i に無関係となり，すべての貢献額の組み合わせがナッシュ均衡となる。

エスカレータに乗る作法

エスカレータに乗る作法として，急いでいる人のために片側を空けるというものがある。どちらの側を空けるかは地域によって異なる。東京では左側に立って右側を空けるルールが定着しているが，大阪では逆に右側に立って左側を空ける。ニューヨークやロンドンなどの海外の都市では，大阪ルールが定着している。右と左のどちらを空けるかは重要でないので，エスカレータの乗り方は純粋協調問題である。

なぜ東京と大阪で乗り方が違うのかは，進化ゲーム理論で説明できる。エスカレータが世の中に登場したときには乗り方のルールがなく，人々は他の人々の乗り方を模倣，学習して環境に適応する（他の人のじゃまにならない）ように行動を調整したと考えられる。何らかの歴史的要因（例えば鉄道会社の提案）のため，東京では左に立つ行動がある時点でたまたま環境に適応し，その後，徐々に左に立つ人が増えていき，現在のように左に立つルールが定着したと考えられる。大阪では，異なる歴史的要因のため，右に立つ行動が環境に適応し，時間を経て右に立つルールが定着したと考えられる。

最近，エスカレータの作法を安全性の視点から見直そうとする動きがある。エスカレータは構造上，歩くと危険なので鉄道各社は乗客に歩かないように呼びかけている。また，現在のルールは効率性と公平性の視点からも問題がある。長いエスカレータがあるターミナル駅などでは，エスカレータの前の歩く側に長蛇の列ができていることがある。他方の側は誰も歩いていないので，2列に立つことができると多くの人が効率的にエスカレータに乗れる。また，身体に障害があるため左側または右側の手すりをつかめない人にとっては一方の側に立つルールは危険であり，そのような人にルールを強制するのは問題がある。日本の社会は同調圧力が強く，もう少し柔軟にエスカレータを利用していいという意見もある。今後，エスカレータの作法がどのように変化していくか，ゲーム理論の立場から興味深い。

第5章

リスクと情報

不確実な状況にどう対応すればよいのか？

イントロダクション――――――――――――――――――

　国際社会では，自然災害，経済変動，政情不安，犯罪など，さまざまなリスクや不確実な事象が存在する。プレイヤーは，おかれている状況に関して不完全な情報の下で意思決定しなければならない。ゲーム理論は，不確実な状況にどのように対応して合理的な意思決定をすればいいのかを教えてくれる。不確実性下の意思決定の基礎は期待効用理論である。プレイヤーは不確実な事象（例えば天候）の起こりやすさを確率を用いて評価し，期待効用を最大にする行動を選択する。不確実な状況では，保険はリスクを回避する手段として有効である。

　国際社会の多くの状況は，時間の推移とともにゲームが進行するダイナミックなゲームである。ダイナミックなゲームはゲーム・ツリーのモデルを用いて表現できる。プレイヤーが過去のゲームの経緯を知ったうえで意思決定できるゲームを完全情報ゲームという。完全情報ゲームでのプレイヤーの行動原理は，将来のゲームから後ろ向きに逐次，合理的な行動を決定することであり，これを逐次合理性という。逐次合理性を満たすナッシュ均衡を，特に完全均衡という。

1 リスクと期待効用

　国際社会では，気候，自然災害，火災，交通事故，健康，政情不安，犯罪，国際テロなどさまざまな**リスク**が存在する。プレイヤーは，リスクのある事象の結果を事前に知ることはできず，リスクを評価して意思決定しな

図 5-1　リスクを含む選択対象

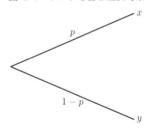

ければならない。

　通常，プレイヤーは不確実な事象について確率的に予測する。例えば，天気予報では，「明日，雨が降る確率は 30%」という予報を出す。予測で用いられる**確率**（probability）が，くり返し観察される事象（雨）が発生する相対頻度として定義されるとき，確率を**客観的確率**という。これに対して，「地域 X で将来の日時 Y に地震が発生する」という事象は一度限りであり，観測データはない。このような不確実な事象に対して，プレイヤーは科学的知識，個人的な経験，評判などさまざまな要因に基づいて，主観的に事象の確率を推測する。このような確率を**主観的確率**という。以下では，不確実な状況での意思決定のための効用理論について解説する。議論を単純化するために，客観的確率と主観的確率を区別せず，何らかの方法で事象の確率が与えられているものとする。

　プレイヤーがある行動を選択するとき，二つの社会状態 x と y が実現可能であり，それぞれの確率を p と $1-p$ とする。このとき，「確率 p で状態 x が実現し，確率 $1-p$ で状態 y が実現する」という選択対象を，**リスクを含む選択対象**または簡単に「くじ」といい，P で表す。リスクを含む選択対象 P は，図 5-1 のようなツリーで表すとわかりやすい。図 5-1 は，確率 p で上の枝が選ばれて状態 x が実現し，確率 $1-p$ で下の枝が選ばれて状態 y が実現することを表す。

　複雑な選択対象では，リスクが二重構造になることもある。例えば，二つの選択対象

　　P：「確率 p で x が実現し，確率 $1-p$ で y が実現する」

図 5-2　複合くじ $R = rP + (1-r)Q$　　　図 5-3　複合くじと同等なくじ

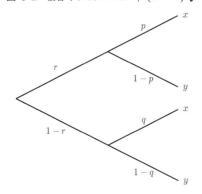
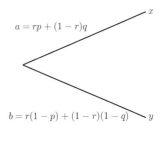

Q：「確率 q で x が実現し，確率 $1-q$ で y が実現する」
を考える。さらに，P と Q が確率的に実現する選択対象

R：「確率 r で P が実現し，確率 $1-r$ で Q が実現する」
を作る。このような選択対象 R を複合くじといい，$rP + (1-r)Q$ で表す。
R のツリー表現は，図 5-2 のようになる。複合くじ R では，状態 x が実現
する確率は $a = rp + (1-r)q$ であり，状態 y が実現する確率は $b = r(1-p) + (1-r)(1-q)$ である。したがって，複合くじ R は実質的に図 5-3 のく
じと同等であり，図 5-2 の複合くじと図 5-3 のくじは同じものとみなす。

不確実性下での意思決定問題では，プレイヤーはリスクを含む選択対象
に対して選好順序をもつ。いま，状態 x と状態 y の効用をそれぞれ $u(x)$ と
$u(y)$ とすると，図 5-1 のリスクを含む選択対象 P の**期待効用**（expected
utility）$u(P)$ は

$$u(P) = p \times u(x) + (1-p) \times u(y)$$

で与えられる。不確実性下での意思決定理論では，次の期待効用仮説が採用
される。

> **期待効用仮説**：社会状態 x の効用が $u(x)$ であるとき，リスクを含む選
> 択対象 P に関する選好順序は，期待効用 $u(P)$ の大小関係で表され

る。意思決定主体は，期待効用を最大にする選択対象を選択する。

　リスクを含む選択対象に関する意思決定主体の選好順序が次の三つの性質
を満たせば，期待効用仮説が成り立つことが知られている。三つの選択対象
を P，Q，R とする。
　⑴　推移性：P を Q より好む，Q を R より好むならば，P を R より好
　　　む。
　⑵　独立性：P を Q より好むならば，どんな確率 p に対しても複合くじ
　　　$pP + (1-p)R$ の方を $pQ + (1-p)R$ より好む。
　⑶　連続性：P を Q より好み，Q を R より好むならば，複合くじ $pP +$
　　　$(1-p)R$ と Q が無差別な確率 p が存在する。
　推移性の性質は，選好の循環（サイクル）が起こらないことを意味する。[1]
独立性の性質は，二つの複合くじ $pP + (1-p)R$ と $pQ + (1-p)R$ の間の
選好順序は P と Q の選好順序で決まり，R の実現とは独立であることを意
味する。連続性の性質は，複合くじ $pP + (1-p)R$ の効用は確率 p につい
て連続的に変化し，P と R の間にある選択対象 Q は，確率 p を適当に選べ
ば，複合くじ $pP + (1-p)R$ と無差別になることを示している。
　リスクを含む選択対象 P の期待効用 $u(P)$ の大小関係は，効用関数 $u(x)$
を正の実数倍しても一定数を加えても変わらない（効用値のこのような変換を
正一次変換という）。したがって，期待効用仮説では，効用 $u(x)$ の絶対値は
意味がない。重さ（グラムとキログラム）や温度（摂氏と華氏）の尺度のよう
に，効用の値を正一次変換しても意思決定に実質的な影響を及ぼさない。
　金額 x 万円に対する効用を $u(x)$ とする。図5-4は，$0 \leq x \leq 1$ の範囲
に $u(x)$ の3種類のグラフを描いている。$u(x)$ のグラフが上に膨らんでい
る曲線 OBA（凹関数という）とする。このとき，選択対象 P「確率2分の1
で1万円もらえる，確率2分の1で何ももらえない」の期待効用の値は点
C で表され，選択対象 Q「確実に5千円もらえる」の（期待）効用の値は点
B で表される。点 B が点 C より上にあるので，意思決定主体はリスクのな
い選択対象 Q の方をリスクを含む選択対象 P より好む。二つの選択対象 P

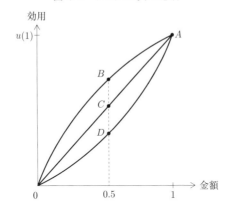

図 5-4　リスクに対する態度

と Q では金額の期待値は 5,000 円と同じであるのに，リスクを避けたい意思決定主体はリスクのない選択対象 Q を好むと考えられるので，このような意思決定主体は**リスク回避的**（risk averse）であるという。リスク回避的な意思決定主体は，金額の期待値が同じであれば，リスクのない選択対象を好む。

　これに対して，$u(x)$ のグラフが下に膨らんでいる曲線 ODA（凸関数という）ならば，Q の効用の値は点 D であり点 C より下だから，意思決定主体はリスクを含む選択対象 P の方をリスクのない選択対象 Q より好む。このとき，意思決定主体は**リスク愛好的**（risk loving）であるという。リスク愛好的な意思決定主体は，金額の期待値が同じであれば，リスクのある選択対象を好む。$u(x)$ のグラフが直線 OCA ならば，リスクを含む選択対象 P の期待効用とリスクのない選択対象 Q の効用は等しいので，意思決定主体は P と Q に関して無差別である。このとき，意思決定主体は**リスク中立的**（risk neutral）であるという。リスク中立的な意思決定主体は金額の期待値だけで選択し，選択はリスクと無関係である。

例 5.1　効用関数の測定

　金額 x 円（$0 < x < 1,000$）に対する効用関数 $u(x)$ を次の手続きで測定で

図 5-5　効用関数の測定

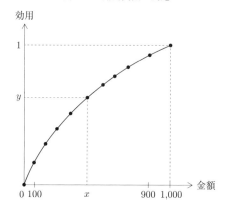

きる。最初に，$u(0) = 0$, $u(1,000) = 1$ と定める。次に，各 $x = 100, 200,$ $\cdots, 900$ の値に対して「確実に x 円もらえる」ことと「確率 y で 1,000 円，確率 $1 - y$ で何ももらえない」ことが無差別となる y の値を図 5-5 のようにグラフに描く。このとき，$u(x) = y \times u(1,000) + (1 - y) \times u(0) = y$ だから，$y = u(x)$ が効用関数となる。読者は，自分の効用関数の形を確かめていただきたい。

2　農村における保険

　農業の収穫は，天候リスクに大きく左右される。途上国の貧しい農民は不作のときには収入がないためリスクに脆弱であり，一般にリスク回避的である。リスク回避的な個人は，リスクによる損害を補償できる**保険**（insurance）を求める。そのような保険は，リスク中立的もしくはリスク回避性がより低い裕福な個人や保険会社が引き受けるインセンティブをもつ。この節では，数値例を用いて保険の可能性をみてみよう[2]。

　いま，途上国の農村に貧しい農民 A と裕福な農民 B がいる。農民 A は貯金ゼロであり，農民 B は 1,600 ドルの貯金がある。収穫は天候に左右され，確率 2 分の 1 で豊作であるが，確率 2 分の 1 で不作の可能性がある。豊作

図 5-6　貧しい農民と裕福な農民の保険契約

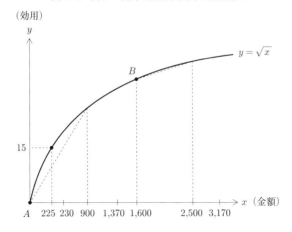

（効用）

のときは，二人とも 900 ドルの収入があるが，不作のときは収入はゼロである。二人の金額 x ドルに対する効用関数を $u(x) = \sqrt{x}$ とする。図 5-6 は，農民の効用関数を表す。農民 A の初期所得は点 A であり，農民 B の初期所得は点 B である。初期所得を原点とする効用関数の形状の違いから，裕福な農民 B は貧しい農民 A に比べてリスク回避性向が小さいことがわかる。

収穫前には，農民 A はリスクのある選択対象

　　P：確率 2 分の 1 で収入 900 ドル，確率 2 分の 1 で収入ゼロ

をもち，選択対象 P に対する農民の期待効用は，

$$\frac{1}{2} \times \sqrt{900} + \frac{1}{2} \times \sqrt{0} = 15$$

である。$\sqrt{225} = 15$ であるから，農民 A はリスクのある選択対象 P と確実に 225 ドルの収入を得ることとに関して無差別である。このとき，農民 A にとっての 225 ドルを，リスクのある選択対象 P の**確実同値額**（certainty equivalent）という。

一方，農民 B は，収穫前にリスクのある選択対象

　　Q：確率 2 分の 1 で収入 2,500 ドル，確率 2 分の 1 で収入 1,600 ドル

をもち，選択対象 Q に対する農民 B の期待効用は，

$$\frac{1}{2} \times \sqrt{2,500} + \frac{1}{2} \times \sqrt{1,600} = 45$$

である。

　次に，農民 B は農民 A に「不作のときはあなたに 230 ドルを補償するが，豊作のときはあなたから 670 ドルを受け取る」という保険契約をオファーするとしよう。この保険契約の下では，農民 A は天候リスクによらず確実に 230 ドルの収入がある。230 ドルは農民 A の選択対象 P の確実同値額 225 ドルを超えるため，農民 A は保険契約を受け入れるインセンティブをもつ。一方，農民 B は保険契約の下では，豊作のときに 3,170（= 1,600 + 900 + 670）ドルの所得，不作のときに 1,370（= 1,600 − 230）ドルの所得があるから，その期待効用は

$$\frac{1}{2} \times \sqrt{3,170} + \frac{1}{2} \times \sqrt{1,370} = 46.7$$

である。これは保険契約前の期待効用 45 より大きいので，保険契約は農民 B にとっても利益がある。

　このように，不作のときの損害をカバーする保険契約は貧しい農民と裕福な農民の双方にとって有益なものである。しかし，上記の保険契約では，裕福な農民は貧しい農民から平均的に 220 ドルを受け取ることになり，貧富の差が拡大する問題点がある。途上国の農村では，裕福な農民の数に比べて貧しい農民の数が多い。このため，裕福な農民は大きな交渉力をもち，オファーする保険契約は貧しい農民に確実同値額とほぼ等しい収入しか保証しない。保険の競争市場の欠如は，農村の貧富の差を拡大する危険がある。

3 情報と共有知識

　第 2 章第 6 節では，国際協力のための重層的問題の一つとして共通認識問題をあげた。この節では，共通認識問題をゲーム理論のモデルではどのように定式化するかを説明しよう。以下では，天候や政治，経済，社会の状態を総称して自然状態とよぶ。

図 5-7　情報集合と情報分割

1	2	3	4	5	6

(1)

1	2	3	4	5	6

(2)

　自然状態 x の集合を X とする。プレイヤーは，自然の真の状態が何であるか知らないが，状態に関して**情報**（information）を得るとする。プレイヤーが得る情報は，状態の集合 X をいくつかの部分集合に分割することで表される。図 5-7（1）では，可能な状態が $x = 1, 2, \cdots, 6$ の 6 個あり，6 個の状態は三つの部分集合 $\{1, 2\}, \{3, 4\}, \{5, 6\}$ に分割されている。三つの部分集合は，プレイヤーは真の状態がどの部分集合に属するかは知るが，部分集合の中のどの状態であるかは知らないことを意味する。このような，部分集合をプレイヤーのもつ**情報集合**（information set）という。また，情報集合の組を，プレイヤーの**情報分割**（information partition）という。図 5-7（1）は，三つの情報集合をもつ。もしプレイヤーが状態に関して正確な情報を得て，真の状態を完全に知ることができるとき，プレイヤーの情報分割は図 5-7（2）のようになる。図 5-7（1）と図 5-7（2）を比べればわかるように，情報分割がより細かくなると，プレイヤーはより正確な情報を得ることができる。

　自然の真の状態 x について不確実なプレイヤーは，情報を得る前に主観確率を用いて，真の状態が x である確率が $p(x)$ であると予想する。このような事前の予想の確率分布を**事前信念**（prior belief）という。例えば，図 5-7 で，プレイヤーは 6 個の各々の状態が真の状態である確率は等しく 6 分の 1 であるという事前信念をもつとする。次に，情報集合 $\{1, 2\}$ を知らされ，真の状態は 1 か 2 であることを知るとする。この情報を得るとき，状態 1 が真である条件つき確率は，ベイズの公式から[3)]

$$\frac{1\text{が真の状態である確率}}{\text{情報集合}\{1, 2\}\text{が真の状態を含む確率}} = \frac{1/6}{1/3} = \frac{1}{2}$$

と計算できる。情報を得た後のこのような信念を**事後信念**（posterior belief）という。

図 5-8　事象 E に関する知識

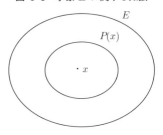

　自然の状態の集合 X の部分集合を**事象**（event）という。例えば，気候変動枠組条約の交渉で参加国の議論の中心となった「人間活動によって排出される温室効果ガスによって地球全体が温暖化した」という現象は一つの事象である。

　ある事象に関するプレイヤーの認識や知識が情報分割のモデルでどのように定式化できるかをみてみよう。いま，E を事象とし，状態 x を含むプレイヤーの情報集合を $P(x)$ とする。もし図5-8のように $P(x)$ が E の部分集合である，つまり

$$P(x) \subset E$$

ならば，x が真の状態であるとき，プレイヤーは真の状態 x が事象 E に含まれることを知る。これは，プレイヤーは「事象 E の生起を知る」ことを意味する。事象 E に対して，$P(x) \subset E$ を満たす x の集合を $K(E)$ とおく。$K(E)$ は状態集合 X の部分集合であり，プレイヤーが事象 E の生起を知ることができる状態の集合である。事象 E に対して部分集合 $K(E)$ を対応させるオペレータ K をプレイヤーの知識オペレータという。知識オペレータ K は情報分割に基づいてプレイヤーがさまざまな事象をどのように認識できるかを示す。

　例えば，プレイヤーが情報を何も得ることができず，状態全体の集合 X がただ一つの情報集合であるとき，プレイヤーは（X と異なる）どんな事象 E も認識できず，$K(E)$ は空集合である。プレイヤーは全体集合 X だけし

か認識できないので，$K(X) = X$ である。

二人のプレイヤー 1 と 2 が事象 E を共通に認識するためには，単に，二人が事象 E を知るだけでは不十分で，

> 1 が「2 が E を知る」ことを知る

必要がある。例えば，二国間交渉で，相手国も問題の所在を同じように認識していることを双方の国が知らないと国際交渉の成功は困難である。プレイヤー 1 の情報分割を P_1，プレイヤー 2 の知識オペレータを K_2 とすると，上記のプレイヤー 1 の認識条件は

$$P_1(x) \subset K_2(E)$$

と書くことができる。右辺の $K_2(E)$ は「2 が事象 E を知る」という事象を表す。プレイヤー 1 の知識オペレータ K_1 を用いると，上記の関係は

$$x \in K_1 K_2(E)$$

と書くことができる。

知識に関する知識というプレイヤーの相互認識の深さがどこまで必要かは，交渉や話し合いのルールにも依るが，論理的には相互認識の深さは際限なく続く。ゲーム理論の用語では，

> I know that you know that I know $\cdots$ you know E

という命題が無限の長さで続くとき，事象 E は（状態 x において）二人の**共有知識**（common knowledge）であるという。

プレイヤーの間で共通認識が深まるためには，「顔の見えるコミュニケーション」が必要である。国際交渉において，政治家が頻繁に会談を行ったり，国際会議を開催して参加国が直接議論することは，共通認識の形成のために必要不可欠である。

4 逐次合理性

国際社会の多くのゲームでは，最初にあるプレイヤーが行動を選択し，次に，相手プレイヤーが行動を選択するなど，時間の経過に沿ってプレイが進行する。このような**ダイナミックなゲーム**を表現するには，第3章で学習した利得表では不十分であり，ツリー・モデルを用いて表す。この節では，ツリーで表現されるゲーム（**展開形ゲーム**と呼ばれる）とその均衡概念の基礎を説明しよう。

領土をめぐって対立するA国とB国の紛争状況を考える。最初に，A国はB国の領土に侵入する（*IN*）か，しない（*OUT*）かを選択する。もしA国が侵入しなければ，領土の現状は維持され，A国は利得1，B国は利得5を得る。もしA国が侵入すれば，B国はA国と対立する（*F*, fight の頭文字）か，譲歩して侵入を黙認する（*C*, concede の頭文字）かを選択する。B国がA国と対立すれば，双方の軍事的緊張が高まり，ともに利得0を得る。これに対して，B国が譲歩すれば，A国はB国の領土の一部を占有し双方は利得2を得る。A国は現状の利得1より大きい利得を得るが，B国の利得は5から2に減少する。

二国間の紛争状況は，図5-9のようにツリーを用いて表現できる。ツリーの分岐点はプレイヤーが行動を選択する手番を表し，枝はプレイヤーの行動を表す。最初に，A国が行動を選択し，次にB国が行動を選択しプレイが終了する。ゲームは三つの終点をもち，プレイヤーの利得が与えられる。上の数字がA国の利得，下の数字がB国の利得を表す。このようなツリーを**ゲーム・ツリー**（game tree）という。図5-9のゲームでは，B国はA国の行動を知ったうえで行動を選択する。一般に，すべてのプレイヤーが過去のプレイを知ったうえで行動を選択するゲームを，**完全情報ゲーム**（game with perfect information）という。

図5-9のゲームの利得表は，表5-1で与えられる。利得表から，ゲームは二つのナッシュ均衡，（*IN*，*C*）と（*OUT*，*F*），をもつことがわかる。

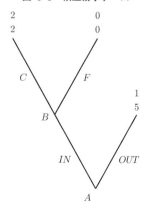

図 5-9　領土紛争ゲーム

表 5-1　領土紛争ゲーム

A 国 　＼　 B 国	譲歩 (C)	対立 (F)
侵入する (IN)	2 , 2	0 , 0
侵入しない (OUT)	1 , 5	1 , 5

最初のナッシュ均衡（IN, C）では，A 国が侵入し B 国は譲歩する。二番目のナッシュ均衡（OUT, F）では，A 国が侵入せず現状が維持される。B 国は，「もし A 国が侵入すれば対立する」と計画しているが，A 国は侵入しないので，実際に行動が実行されることはない。

　このようにダイナミックなゲームでは，相手の行動によってはプレイヤーの行動が事前に計画されていても実行されないこともある。また，プレイヤーが何度も行動を選択する機会がある複雑なゲームでは，戦略は一つ一つの行動ではなく，ゲーム全体の行動の計画である。この理由から，ダイナミックなゲームでは，**行動**（action）と**戦略**（strategy）は異なる概念である。詳しく述べると，プレイヤーの戦略とは，プレイヤーのすべての手番においてとるべき行動を指定する行動計画である。また，プレイヤーが過去のプレイに関して不完全な情報しか得られず，自分の二つの手番 x と y を区別できないとき，x と y で同じ行動を指定しなければならないという制約がある。

すべてのプレイヤーの戦略の組に対して，選択される行動の系列が定まる。これを，ゲームの**プレイ**（play）という。例えば，戦略の組（IN，F）に対するプレイは行動の列 IN-F であるが，戦略の組（OUT，F）に対するプレイは行動 OUT である。

ナッシュ均衡（IN，C）を考える。A 国が行動 IN を選択すると，B 国の手番となる。B 国は行動 F を選択すると利得は 0，行動 C を選択すると利得は 2 であるから，B 国の均衡行動 C は最適である。さらに，B 国の均衡行動 C を前提とすると，A 国は行動 IN を選択すると利得 2，行動 OUT を選択すると利得 1 を得るから，A 国の均衡行動 IN は最適である。すなわち，ナッシュ均衡（IN，C）は，すべての手番での（相手の戦略に対して）プレイヤーの最適行動を定めている。

次に，ナッシュ均衡（OUT，F）を考える。B 国の戦略は「もし A 国が行動 IN をとれば，行動 F をとる」というものである。B 国の均衡戦略 F を前提とすると，A 国は行動 IN を選択すると利得 0，行動 OUT を選択すると利得 1 を得るから，A 国の均衡行動 OUT は B 国の均衡行動 F に対して最適である。一方，A 国が均衡行動 OUT をとるとき，B 国は行動を選択する機会がないので，B 国は均衡行動 F を変更するインセンティブをもたない。定義上は，B 国の均衡行動 F は A 国の均衡行動 OUT に対する最適応答である。しかし，もし A 国が行動 IN をとるならば，B 国の最適行動は C であるから，B 国の均衡戦略は B 国の手番での最適行動ではないことに注意する。均衡プレイは OUT であるから，B 国の手番は均衡プレイで実現しない。このようなとき，B 国の手番は**均衡プレイ外**（off equilibrium paly）であるという。ナッシュ均衡（OUT，F）は，均衡プレイ外の B 国の手番での最適でない行動を含む。

以上をまとめると，図 5-9 のゲームは二種類のナッシュ均衡をもつ。ナッシュ均衡（IN，C）は，プレイヤーのすべての手番での最適行動で成り立つ。ナッシュ均衡（OUT，F）は，B 国の均衡プレイ外の手番で最適でない行動を含む。R. ゼルテン（1930-2016）は前者のナッシュ均衡をダイナミックなゲームの適切な均衡として**完全均衡**（perfect equilibrium）と呼ん

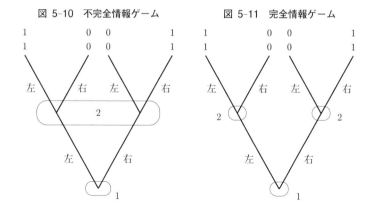

図 5-10　不完全情報ゲーム　　　図 5-11　完全情報ゲーム

だ。特に，図 5-9 のような完全情報ゲームの完全均衡を**部分ゲーム完全均衡**（subgame perfect equilibrium）という。部分ゲーム完全均衡の名前は，B 国の手番から始まる部分ツリーをゲームの**部分ゲーム**（subgame）といい，完全均衡はすべての部分ゲームにナッシュ均衡を定めることから由来する。

　完全情報ゲームの部分ゲーム完全均衡は，次の**逐次合理性**（sequential rationality）の行動原理をもつ。

　　逐次合理性：プレイヤーはすべての手番で将来の均衡戦略に対する最適
　　　行動を選択する。

　逐次合理性をもつプレイヤーは，将来の（自分と）相手の行動を合理的に推論して最適行動を選択する。このようなプレイヤーの合理的な推論を**先読み推論**という。完全情報ゲームの部分ゲーム完全均衡は，ゲームを順次，後向きに解くことで計算できる。このようなゲームの解き方を，**後向き帰納法**（backward induction）という。例えば，図 5-9 のゲームでは，最初に B 国の最適行動 C を求め，次に，B 国の最適行動 C を前提に A 国の最適行動 IN を求める。得られた戦略の組（IN , C）は部分ゲーム完全均衡である。

　完全均衡でないナッシュ均衡（OUT , F）を再び考えよう。B 国の対立戦略 F は，もし A 国が侵入すれば最適行動ではない。B 国の対立戦略 F は A 国の侵入を事前に防ぐ脅しの役割をもつが，A 国が合理的に推論すれば，

そのような戦略は B 国にとって最適でないことがわかる。このような脅し
を, **信憑性のない脅し** (incredible threat) という (「から脅し」とも呼ばれる)。
一般に, 完全均衡でないナッシュ均衡は均衡プレイ外の手番での信憑性のな
い脅しによって構成され, ダイナミックなゲームの合理的な均衡とはいえな
い。

　完全情報ゲームでないゲームは, 本章第 3 節で述べた情報集合の概念を
用いて表現できる。例えば, 第 3 章第 2 節の純粋協調ゲームは二人の個人
が相手の選択を知らずに行動を選択する不完全情報ゲームであり, 図 5-10
のゲーム・ツリーで表される。手番 (分岐点) を囲む集合 (楕円) は, 情報集
合を表す。二人のプレイヤーはそれぞれ一つの情報集合をもつ。プレイヤ
ー 2 の情報集合は二つの手番を含む。プレイヤー 2 は行動を選択するとき,
右の手番にいるか, 左の手番にいるかを知らない, すなわち, プレイヤー 1
の行動を知らずに行動を選択する。

　プレイヤー 2 がプレイヤー 1 の行動を知った上で行動を選択する完全情
報ゲームは, 図 5-11 のように表現される。プレイヤー 2 は二つの情報集合
をもち, 右の手番にいるか左の手番にいるかを知って, 行動の選択をする。

　　　ま　と　め

(1)　期待効用理論では, 意思決定主体は期待効用を最大にする行動を選択
　　する。
(2)　プレイヤーのもつ情報は, ゲーム・ツリーの情報集合で表すことがで
　　きる。
(3)　完全情報ゲームの (部分ゲーム) 完全均衡は, ゲームのすべての手番
　　でプレイヤーの最適行動を定め, 逐次合理性を満たす。

練習問題

① 第2章第1節の最後通告ゲームのルールに従って，二人のプレイヤーが100円の分配を交渉する。提案する分配は10円単位とし，プレイヤーの利得は自分が得られる金額であるとき，ゲーム・ツリーを描きなさい。また，ゲームの（部分ゲーム）完全均衡を求めなさい。ただし，提案を受け入れるか拒否するかについて無差別であるとき，応答者は提案を受け入れるとする。

② 自然の状態が数字1から7までの7個の数字で表され，どの数字も真の状態である確率が等しく7分の1であるとする。「真の状態は奇数である」という情報の下で数字1が真の状態である条件つき確率をベイズの公式を用いて求めなさい。

注 ─────────────────────────────

1) P を Q より好み，Q を R より好み，R を P より好むとき，選好は循環するという。

2) 数値例は Wydick［2008］p.76 を参考にしている。

3) 二つの事象 E と F に対して，事象 E と事象 F がともに起きる事象を $E \cap F$ と表記する。事象 E の確率を $P(E)$，事象 $E \cap F$ の確率を $P(E \cap F)$ とおくとき，事象 E が与えられたときの事象 F の条件つき確率 $P(F|E)$ は，

$$P(F|E) = \frac{P(E \cap F)}{P(E)}$$

で与えられる。ただし $P(E) > 0$ とする。これを，**ベイズの公式**という。

図 5-12　条件つき確率とベイズの公式

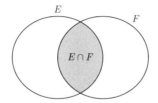

75

第**6**章

紛争と平和

なぜ紛争はなくならないのだろうか？

イントロダクション──────

　国際社会ではこれまでに数多くの紛争や戦争が繰り返されてきた。多大の人的，経済的および精神的な損失をもたらす紛争はなぜなくならないのだろうか？　紛争の原因と発生のメカニズムを探究し，平和の実現を目指すことは人類の共通課題である。ゲーム理論は，紛争と平和の探究に有益な視点と分析方法を提供する。

　紛争の原因は国家指導者の非合理性と合理性の二つの側面から説明できる。非合理な指導者（や支持者）は，偏見や病理的な判断に基づく誤った評価と推論に基づき紛争を決定する。ゲーム理論は，なぜ「合理的」な国家指導者が多大のコストをかけて紛争を選択するのかを説明する。紛争の原因は，戦略の不完全性，相互信頼の欠如，約束や合意の遵守メカニズムの欠如，相手国の行動に関する期待，不確実性と情報の不完全性など，多岐にわたる。ゲーム理論を用いて，対立のエスカレーション，不確実性下の交渉，戦略的脅し，平和のシグナルなど紛争の発生のメカニズムと平和を実現する手段を学ぶことができる。

1　紛争の原因

　人類の歴史が示すように，これまで国際社会では数多くの紛争や戦争が発生した。世界中の多くの国家が参戦した世界戦争から地域戦争，民族戦争，国内戦争まで，紛争の規模や性格はさまざまであるが，いずれの紛争も当事

国や地域の人民に計り知れない人的，物質的および精神的損害を与える。ゲーム理論や経済学のことばでいえば，紛争はパレート最適ではない。なぜならば，紛争の帰結（例えば，領土分割や資源分配など）は，多大のコストをかけて紛争をしなくても実現可能だからである。なぜ人類は何度も多大のコストをかけて紛争を引き起すのであろうか？ なぜすべての当事者が紛争の帰結よりも選好する社会状態（平和）が存在するにもかかわらず，紛争を避けられないのであろうか？ 紛争の原因とそのメカニズムを探究し，平和の実現を目指すことは人類の共通課題である。

　ゲーム理論の視点からは，紛争の原因は，プレイヤー，プレイヤーの目的（選好），手段（戦略），期待と相互依存関係（ゲームのルール）の性質から探ることができる。いま，A国とB国が紛争状態にあるとしよう。現実社会では，それぞれの国の意思決定には，多くのプレイヤーが関係する。例えば，大統領や首相などの国家の指導者，政治家，官僚，企業家，利益者団体，メディア，有権者などが，程度の差はあれ，紛争に至る国家の意思決定に影響を及ぼす。プレイヤーの種類だけでも多種多様であるが，プレイヤーの目的，手段，期待，相互依存関係はさらに複雑である。ゲーム理論に限らず，あらゆる科学的探究の基本姿勢は，「単純な問題からより複雑な問題へ」である。問題が明確に定式化された限定的な状況から分析を始め，できうる限りの明晰な結論を得たあとで，より複雑な状況の分析を行う。この方法論に沿って，ここでは状況を単純化して，ゲームのプレイヤーはA国とB国の指導者とし，国家指導者は自らの判断に基づいて紛争の意思決定を行うことができると想定する。

　紛争の原因は，国家指導者の非合理性と合理性の二つの側面から説明できる。非合理性による説明では，指導者の非合理性が戦争の原因であると考える。非合理な国家指導者は，個人的な偏見や病理的な判断に基づいて紛争に勝つ見込みや紛争コストを評価し相手国の行動を推論する。彼らは，勝利確率や紛争コストの誤った評価と相手国の行動に関する誤った期待に基づいて紛争を決定する。

　非合理性による紛争の説明は，紛争の原因を国家指導者の個別特殊的な非

合理性にあるとするので，紛争の発生を普遍的で統一的な理論的枠組みで説明するものではない。ゲーム理論の視点からは，なぜ「合理的」な国家指導者が多大のコストのかかる紛争を選択するのかが，より重要な問いとなる。以下では，五つの視点からこの問いについて考えてみよう。

第一の視点は，プレイヤーのもつ手段（戦略）の不完全性である。紛争が両国にとって望ましくない状態であっても，実現可能な手段の不完全性によって双方が納得できる合意点を見つけ出せない可能性がある。例えば，紛争の原因となる領土が分割不能であり，どちらかの国が全領土を支配する状態しか実現可能でないならば，紛争を回避することに合意することは困難である。このような場合，経済的利益の分配などと領土問題とをリンクさせて，実現可能な状態を増やす必要がある。

第二の視点は，相互信頼の欠如である。A国とB国の相互依存関係が囚人のジレンマの状況であるとしよう。このとき，平和の状態は二国にとってパレート最適な状態であるが，ゲームのナッシュ均衡ではないため，国益（領土拡大）を求める「合理的」な国家指導者は，平和よりも領土拡大を求める。その結果，紛争が発生し，二国にとって平和な状態よりも望ましくない結果となる。紛争を回避し平和を実現するためには，二国間の相互信頼が必要である。

第三の視点は，約束や合意の遵守メカニズムの欠如である。A国とB国が囚人のジレンマの状況にあると，平和の実現の約束や合意がされても，約束や合意の拘束力がなければ，「合理的」な国家指導者は相手国を裏切って領土を拡大しようとし，紛争が発生する。言い換えれば，平和の実現にコミットできないことが紛争の原因であり，**コミットメント問題**といわれている。

第四の視点は，互いの行動に関する期待である。A国とB国の相互依存関係が安全保障のジレンマ（第3章第4節）状況であるとしよう。このとき，相手国が平和な現状を維持するならば，国家指導者は平和戦略を選択することが最適であるが，相手国が軍備を増強するならば，軍備増強戦略が最適である。二国の相互依存状況には平和と紛争の二つの均衡が存在し，どちらの

均衡が実現するかは国家指導者の相手国の行動に関する期待に依存する。二国の指導者が互いに，相手国が軍備を増強するという期待をもつことにより，紛争が発生する。紛争を回避するためには，外交努力によって双方の指導者の期待を修正，変更する必要がある。

第五の視点は，**情報の不完全性**である。指導者は，相手国の軍事力，紛争の利益とコスト，紛争に勝利する見込みなどについて正確な情報を得ることができない場合，不完全な誤った情報に基づいて紛争を選択する危険がある。さらに，紛争を回避するために互いの情報を相手に伝えることが可能な場合でも，各国は偽りの情報を相手国に伝えるインセンティブをもつ。紛争を回避するためには，正しい情報が伝わる通信チャンネルが二国間で構築される必要がある。

2 対立のエスカレーション

日常生活では，小さな意見の対立が徐々にエスカレートして争いにまで発展し，双方が後悔することがよくある。対立のエスカレーションは，国際社会では深刻である。自国の防衛のために軍事費を増やすと，隣国は軍事的優位を失わないように，それ以上に軍事費を増やそうとする。対立する二国間の軍備競争は，双方が相手より優位に立とうとしてエスカレートし，最悪の場合には双方が多大の損害を被る戦争にまで発展する危険がある。このような対立のエスカレーションが発生するメカニズムをダイナミック・ゲーム（第5章第4節）を用いて説明しよう。

いま，二人の個人が v 円の価値の商品を得るために入札を繰り返すオークションを考える。オークションのルールは，次のようである。最初に，個人1がオークションをトりるか，入札額 x_1 を表明する。入札額 x_1 は10円単位で，保有金 M 円以下とする。次に，個人2がオークションを下りるか，入札額 x_1 より大きい入札額 x_2 を表明する。個人1と同様に，入札額 x_2 は10円単位で，保有金 M 円以下とする。以下，同じルールで個人1と個人2が入札を繰り返す。オークションは，誰かが下りた時点で終了し，

図 6-1　ドル・オークションの最適戦略 ($v = 30$, $M = 40$)

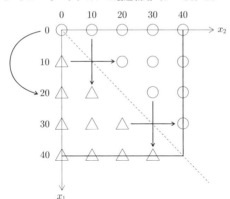

相手が商品を得る。相手が上限の M 円を入札した場合，オークションを下りなければならない。個人の利得は，次のように決まる。勝者の利得は商品の価値 v 円から直前の入札額を差し引いた額である。敗者も直前の入札額を支払わなければならない。このゲームは**ドル・オークション**または全員支払いオークション（all pay auction）と呼ばれている。ドル・オークションの名前は，1ドル紙幣をオークションで手に入れることが由来である。

　ドル・オークションではどのようなプレイが起こるだろうか？　簡単化のため $v = 30$, $M = 40$ とする。例えば，次のようなプレイが可能である。最初に，個人1が10円を入札する。次に，個人2はオークションに勝てると思い，20円を入札する。このとき個人1は，下りると10円の損だから30円を入札する。30円で商品を買えば利得はゼロであるが，10円損するよりはよい。しかし，個人2は下りると20円の損であるから，10円の損を覚悟して40円を入札する。ここでゲームは終了し，個人2は30円の価値の商品を40円で購入する（！）。これは，明らかに非合理な行動である。二人の対立がエスカレートした結果，個人1は30円を損し，個人2は10円を損するという非合理な結果となった。

　ゲームは完全情報ゲームであり，先読み推論を用いて逐次合理的な個人の戦略を計算しよう。ゲーム・ツリーは複雑なので，図6-1を利用する。図

6-1 は直前の入札額の組（x_1, x_2）の全体を示している。原点（0, 0）と $x_1 < x_2$ を満たす入札額の組（x_1, x_2）（図では○印で表されている）が個人 1 の手番である。$x_1 > x_2$ を満たす入札額の組（x_1, x_2）（図では△印で表されている）が個人 2 の手番である。

最初に，$x_1 = 40$ の△印の手番ではゲームのルールより，個人 2 が入札を下りて個人 1 が商品を手に入れる。同様に，$x_2 = 40$ の○印の手番では，個人 2 が商品を手に入れる。以後，図 6-1 の他の手番における個人の最適戦略を逐次求めていくが，矢印が出ていない手番では，入札をする個人がオークションを下りて相手が商品を手に入れる。

$x_1 = 30$ の手番では，個人 2 の可能な行動は入札を下りるか，$x_2 = 40$ を入札するかである。したがって，（30, 0）の手番では個人 2 の最適戦略はゲームを下りることである。（30, 10）の手番では，個人 2 はゲームを下りても $x_2 = 40$ を入札しても 10 円の損失である。簡単化のため，入札してもゲームを下りても利得が同じであるときは，ゲームを下りるとする。（30, 20）の手番では，個人 2 はゲームを下りると 20 円の損失であるが，$x_2 = 40$ を入札すると 10 円の損失ですので，最適戦略は $x_2 = 40$ を入札することである。図 6-1 の太い矢印は，個人 2 の入札により手番（30, 20）が手番（30, 40）に移行することを示す。同様に，（0, 30）と（10, 30）の手番では，個人 1 はゲームを下りる。（20, 30）の手番では，個人 1 は $x_1 = 40$ を入札する。個人 1 の入札により手番（20, 30）が手番（40, 30）に移行する

$x_1 = 20$ の手番を考える。（20, 0）の手番では，個人 2 の可能な入札額は $x_2 = 30, 40$ である。$x_2 = 30$ を入札すると，次の手番（20, 30）で個人 1 が $x_1 = 40$ を入札し商品を得るので，個人 2 は 30 円を損失する。$x_2 = 40$ を入札すると，個人 2 は商品を得るが 10 円を損失する。したがって，個人 2 の最適戦略はゲームを下りることである。（20, 10）の手番では，下りると 10 円の損失ですので，個人 2 の最適戦略はゲームを下りることである。同様に，手番（0, 20）と（10, 20）では，個人 1 の最適戦略はゲームを下りることである。

手番（10，0）では，個人2の可能な入札額は$x_2 = 20, 30, 40$である。いずれの入札額でも個人1はゲームを下りるので，個人2の最適戦略は$x_2 = 20$を入札することである。同様に，手番（0，10）では個人1の最適戦略は$x_1 = 20$を入札することである。

最後に，原点（0，0）では個人1の可能な入札額は$x_1 = 10, 20, 30, 40$である。$x_1 = 10$を入札すると，手番（10，0）は手番（10，20）に移行し個人1はゲームを下りる。その他の入札額では，個人2がゲームを下りて個人1は商品を得る。したがって，個人1の最適戦略は$x_1 = 20$を選択することである。個人2はゲームを下りて個人1は利得10円を得る。2人の個人が先読み推論による最適戦略に従うと，対立のエスカレーションは起きない。

商品の価値vと入札額の上限Mが一般の値でも，ドル・オークションでは2人のプレイヤーが最適戦略に従うと，最初の入札額でゲームは終了し，対立のエスカレーションは起きないことが知られている（岡田［2011］）。完全情報ゲームでは，合理的なプレイヤーは先読み推論によってすべての手番で最適行動を計算できるので，対立の非合理なエスカレーションは起きない。

国家間の軍拡競争も上の入札競争と同じ構造をもつ。国家が安全保障のため国防費を増大すると，軍事的な劣勢を避けようと相手国も国防費を増やす。軍事力増大のための国防費は，経済学でいう埋没費用（サンクコスト）であり，投資した費用を回収したりゼロにすることはできない。入札に負けた個人が入札の額を支払う入札ゲームと同じである。国家間の軍拡競争でも国家の非合理な意思決定により対立のエスカレーションが起こりうる。

3 不確実性下の領土交渉

国際社会では，プレイヤーは歴史，宗教，地理，政治，経済，社会，文化，慣習，教育，価値，生活環境などさまざまな次元で異なっているため，プレイヤーが他のプレイヤーの特性について不完全な知識しかもたないこと

が多い。このようなゲームを**情報不完備ゲーム**（game with incomplete infor-mation）という。情報不完備ゲームの理論は，J. C. ハーサニ（1920-2000）によって確立された。ハーサニは J. F. ナッシュ，R. ゼルテンとともに1994 年に非協力ゲーム理論の研究によりノーベル経済学賞を受賞した。この章の後半では，不確実性下の国際紛争の三つの例を用いて情報不完備ゲームの理論の基礎を説明しよう。

国際紛争では，相手国の目的，経済状態，政治事情，軍事レベルなどに関して各国は不確実性に直面する。このようなプレイヤー個人のみしか知らない情報を**個人情報**（private information）という。これに対して，プレイヤー全員が知る情報を**公的情報**（public information）という。プレイヤーの個人情報を総称して，プレイヤーの**タイプ**（type）という。

情報不完備ゲームでは，プレイヤーは他のプレイヤーの不確実なタイプについて主観確率を用いて予想すると仮定する。このような仮定を，**ベイジアン仮説**という。プレイヤーは主観確率による期待効用を最大化する。

隣接する A 国と B 国が領土をめぐって紛争状態にあると想定する。係争中の全領土のサイズを 1 とし，領土の分割を $(x, 1-x)$ とする。ただし，x $(0 \leq x \leq 1)$ は A 国が支配する領土のサイズとし，$1-x$ を B 国が支配する領土のサイズとする。議論の単純化のために，各国の利得（効用）は領土のサイズと等しいとする。もし領土分割の交渉が失敗すれば，A 国と B 国は戦争状態になる。A 国が戦争に勝利する確率を p $(0 \leq p \leq 1)$ とする。戦争に勝利する国は，全領土を支配できる。また，A 国の戦争コストを c_A $(0 < c_A \leq 1)$ とし，B 国の戦争コストを c_B $(0 < c_B \leq 1)$ とする。このとき，戦争が発生すれば，A 国の期待利得は

$$p \times 1 + (1-p) \times 0 - c_A = p - c_A$$

であり，B 国の期待利得は

$$p \times 0 + (1-p) \times 1 - c_B = 1 - p - c_B$$

である。戦争における二カ国の期待利得の和は全領土の利得 1 より小さい

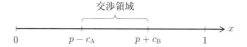

図 6-2　交渉領域

交渉領域

$$0 \qquad p - c_A \qquad p + c_B \qquad 1 \qquad x$$

ので戦争はパレート最適でなく，双方にとってより望ましい領土分割 $(x, 1-x)$ が存在する。双方が合意可能な領土分割 $(x, 1-x)$ は

$$x \geq p - c_A, \qquad 1 - x \geq 1 - p - c_B$$

すなわち，

$$p - c_A \leq x \leq p + c_B$$

を満たさなければならない。このような合意可能な領土分割 x の集合を**交渉領域**（negotiation set）という。また，交渉が失敗する場合のプレイヤーの利得の組 $(p-c_A, 1-p-c_B)$ を**交渉の決裂点**（disagreement point）という。図6-2は交渉領域を示している。交渉領域は，交渉の決裂点よりプレイヤー全員が有利になる合意の全体である。交渉領域が存在しないならば，プレイヤー全員が受け入れられる合意はないので，交渉は失敗する。

　もし戦争の勝利確率 p と戦争コスト c_A, c_B について A 国と B 国が完全な情報を得るならば，交渉領域についても双方は完全に知ることができる。交渉領域が存在するならば，戦争を回避して領土分割の合意が可能である。すなわち，二カ国が状況について完全な情報を得るならば，戦争は発生しない。

　しかし，現実の多くの紛争状況では，紛争中の国は相手国の軍事力について不確実であり，戦争に勝利する見込みや戦争コストについて完全に知ることができない。とくに，相手国の戦争コストを正確に評価することは困難であり，戦争コストは各国の個人情報である。

　不確実性が領土交渉にどのような影響を及ぼすかを情報不完備ゲームの理論を用いて考察できる。以下では，議論を単純化するために，A 国が戦争に勝利する確率 p と A 国の戦争コスト c_A は公的情報であり，A 国と B 国

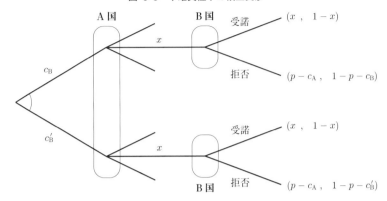

図 6-3　不確実性下の領土交渉

は変数 p と c_A の値を知っていると仮定する。B 国の戦争コスト c_B は B 国の個人情報（タイプ）であり，B 国は c_B の値を知るが，A 国は知らないとする。

　情報不完備ゲームの理論では，A 国は不確実である B 国の戦争コスト c_B の値を主観確率により予想すると仮定する。第 5 章第 3 節で述べたように，プレイヤーの事前の予想を表す確率分布を事前信念という。いま，B 国の戦争コスト c_B に関する A 国の信念は，$0 \leq c_B \leq 1$ の範囲の一様分布とする。すなわち，c_B は 0 と 1 の間のどの値にも等しい確率であり，c_B の値が $a \leq c_B \leq b$ である確率は $b - a$ である。

　現実の領土交渉は提案，応答，再提案が繰り返される複雑な政治プロセスであるが，分析を明晰にするために交渉プロセスは A 国による最後通告ゲーム（第 2 章第 1 節）としよう。A 国が領土分割 $(x , 1 - x)$ を提案し，B 国が受諾するか拒否するかを選択する。B 国が受諾すれば合意が実現するが，拒否すれば交渉は決裂し戦争状態となる。交渉ゲームのゲーム・ツリーは図 6-3 で示される。図 6-3 の見方は，次のようである。最初に，B 国の戦争コスト c_B が確率的に定まる。戦争コスト c_B は無数の値をとりうるが，図 6-3 では便宜上，二本の枝（戦争コスト c_B の可能な値に対応する）のみを描いている。次に，A 国は B 国の戦争コスト c_B の値を知らずに，領土分割案 $(x , 1 - x)$ を提案する。A 国がコスト c_B の値を知らない状況は，A

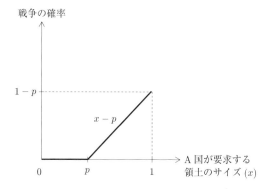

図 6-4　戦争の確率

国のただ一つの情報集合がすべての可能な c_B の値に対応する手番を含むことで記述されている。最後に，B 国は戦争コスト c_B の値を知った上で A 国の提案を受諾するか拒否するかを選択する。B 国が戦争コスト c_B の値と提案（x，$1-x$）を知った上で応答することは，B 国の無数の情報集合がただ一つの手番のみを含むことで記述される。ゲーム・ツリーの各終点に A 国と B 国の利得が与えられている。

　図 6-3 のダイナミック・ゲームの完全均衡を求めてみよう。図 6-3 は，A 国の情報集合が複数の手番を含む不完全情報ゲームであるが，第 5 章第 4 節の完全情報ゲームの逐次合理性を採用することができる。先読み推論により，最初に B 国の最適戦略を決定する。戦争コスト c_B のとき，A 国の提案（x，$1-x$）を B 国が受諾するための条件は，

$$1 - x \geq 1 - p - c_B$$

すなわち，

$$c_B \geq x - p$$

である。

　最後に，B 国の最適戦略を前提として A 国の最適戦略を求める。A 国の提案によって，B 国が提案を受諾する確率は次のようになる。$0 \leq x - p < 1$

のとき，c_B が $x - p \leq c_B \leq 1$ であれば，B国は提案を受諾する．確率変数 c_B は区間 $0 \leq c_B \leq 1$ 上の一様分布に従うから，B国は確率 $1 - x + p$ でA国の提案を受諾する．したがって，B国は確率 $x - p$ で提案を拒否し戦争が発生する．$x - p < 0$ のとき，B国は区間 $0 \leq c_B \leq 1$ 内のどんな c_B の値でもA国の提案を受諾するから，B国は確率1で提案を受諾する．戦争が発生する確率はA国が要求する領土のサイズ x の関数であり，図6-4のようである．A国が要求する領土のサイズが p 以下のときB国は確率1で提案を受諾し戦争の確率はゼロであるが，要求する領土のサイズが p を超えると，戦争の確率は $x - p$ で領土の要求 x が大きくなると単調に増加する．

　戦争の確率から，領土分割 $(x, 1 - x)$ を提案するとき，A国の期待利得 $U_A(x)$ は次のようになる．

(1)　$p \leq x \leq 1$ のとき，$U_A(x) = (1 - x + p)x + (x - p)(p - c_A)$

(2)　$0 \leq x < p$ のとき，$U_A(x) = x$

これより，A国の最適戦略は，戦争の勝利確率 p とA国の戦争コスト c_A の値によって次のように定まる．[1]

$$1 + c_A \leq 2p \text{ のとき，} x = 1$$
$$2p < 1 + c_A \text{ のとき，} x = p + \frac{1 - c_A}{2}$$

戦争の勝利確率 p が大きく戦争コスト c_A が小さいとき，A国は全領土を要求しB国は確率 $1 - p$ で要求を拒否する．逆に，戦争の勝利確率が小さく戦争コストが大きいとき，A国は $p + (1 - c_A)/2$ のサイズの領土を要求しB国は確率 $(1 - c_A)/2$ で要求を拒否する．

　以上の分析をまとめると，次のようになる．

　　　領土交渉ゲームの結果：領土分割を提案する国が相手国の戦争コストについて不確実であるとき，要求する領土のサイズが大きくなるにつれて戦争の確率は単調に増加する．領土交渉ゲームの完全均衡では，提案国は全領土または中間のサイズの領土を要求し，いずれの場合でも

正の確率で相手国は提案を拒否して戦争が発生する。

　情報不完備ゲームの理論は，「合理的」な国家の間でも，相手国の戦争コストに関する不確実性のために，双方にとって望ましくない戦争が正の確率で発生することを示している。

4　不確実性下の紛争

　情報不完備ゲームではプレイヤーは相手のタイプについて不確実であるが，相手の行動を観察してタイプを推論できる。逆に，プレイヤーは相手の推論を戦略的に利用して，自分が「弱い」タイプであっても「強い」タイプの行動を模倣し相手に強いタイプと信じさせることが可能となる。情報不完備ゲームの理論を用いて，このような不確実性下の戦略的意思決定を分析することができる。

　第5章第4節の二国の領土紛争を再び考える。侵入する可能性のあるA国のタイプは，軍事的に強い（strong）タイプと弱い（weak）タイプの二通りとする。もしA国が強いタイプであれば，ゲームの利得表は表6-1（表5-1と同じ）である。A国がB国の領土に侵入しB国が対立措置をとると，双方の軍事力は拮抗しているので利得はともに0である。

表 6-1　領土紛争ゲーム（A 国が強いタイプ）

A国　＼　B国	譲　歩	対　立
侵入する	2 , 2	0 , 0
侵入しない	1 , 5	1 , 5

　もしA国が弱いタイプであれば，利得は表6-2で与えられる。弱いタイプのA国がB国の領土に侵入してB国が対立的措置をとるとき，B国はA国の侵入を防ぐことができ，利得は0でなく3である。それ以外は，表6-1の利得と同じである。

表 6-2　領土紛争ゲーム（A 国が弱いタイプ）

A 国 ＼ B 国	譲　歩	対　立
侵入する	2 , 2	0 , 3
侵入しない	1 , 5	1 , 5

図 6-5　不確実性下の領土紛争ゲーム

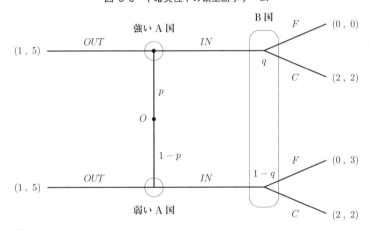

　二国の利得が表6-2のとき，図5-8の完全情報ゲームの完全均衡は，戦略の組（侵入しない，対立）である。弱いタイプのA国が侵入すれば，B国の最適戦略はA国と対立することである。B国の最適行動を所与とすると，弱いタイプのA国は侵入しないことが最適である。A国が強いタイプの場合と異なり，B国による対立戦略は信憑性のある脅しであり，弱いタイプのA国の侵入を抑止できる。

　次に，A国の軍事タイプは個人情報であり，侵入を受けるB国は知ることができないとする。B国はA国が確率pで強いタイプであると予想するとしよう。二国の紛争状況は，図6-5のゲーム・ツリーで表される。

　図6-5の見方は次のようである。点Oはゲームの初期点で，A国のタイプが確率分布（p, $1-p$）に従って定まる。A国は自国の軍事力を知った上で侵入する（IN）か，しない（OUT）を選択する。A国はタイプに応じ

て二つの情報集合をもつ。もしA国が侵入すれば，B国はA国のタイプを知らないで対立する（F）か，譲歩する（C）を選択する。B国は一つの情報集合をもつ。もしA国が侵入しなければ，ゲームは終了する。ゲームの終点の利得は，左の数字がA国の利得を表し，右の数字がB国の利得を表す。

図6-5のゲームで，A国の（確率を用いない）戦略はタイプに応じて行動を指定する行動計画である。A国は四つの戦略 *IN-IN*，*IN-OUT*，*OUT-IN*，*OUT-OUT* をもつ。ただし，最初の行動は強いタイプの行動，2番目の行動は弱いタイプの行動を示す。B国の戦略は，A国が侵入したときの行動を指定することである。B国は二つの戦略 *F*（対立）と *C*（譲歩）をもつ。一般に，プレイヤーの戦略とは，すべての情報集合に対してとるべき行動を指定する行動計画である。

図6-5の情報不完備ゲームの完全均衡を求めてみよう。情報不完備ゲームでは第5章第4節の完全情報ゲームの逐次合理性は，次のように一般化される。

一般化された逐次合理性：プレイヤーはすべての情報集合において相手の戦略と相手のタイプに関する事後信念（相手の行動を観察した後の信念）の下で最適な行動を選択する。相手のタイプに関するプレイヤーの事後信念は，相手の行動を所与とするときの相手のタイプの条件つき確率によって定まる（第5章第3節を参照）。

情報不完備ゲームの理論は，プレイヤーの行動原理としてベイジアン仮説を採用するので，情報不完備ゲームの完全均衡を**完全ベイジアン均衡**という。

A国の四つの戦略が完全ベイジアン均衡を構成するかどうかを調べる。

⑴　A国が戦略 *IN-IN* をとる場合

A国のどのタイプも *IN* をとるから，B国はA国の行動を観察してもA国のタイプについて追加的な情報を得られず，B国の信念は事前信念

$(p, 1-p)$ のままである。B国の事後信念を $(q, 1-q)$ とおくと，$p=q$ である。このとき，B国の期待利得は，行動 F（対立）をとると $3(1-p)$，行動 C（譲歩）をとると 2 である。したがって，$2 > 3(1-p)$，すなわち $p > 1/3$ とき，B国の最適行動は C である。B国が C を選択するとき，A国のどのタイプも IN を選択することが最適である。ゆえに，$p > 1/3$ のとき，A国の戦略 IN-IN とB国の戦略 C は完全ベイジアン均衡である。$0 \leq p < 1/3$ のときは，B国の最適戦略は F であり，どのタイプのA国も OUT をとるのが最適である。この場合，A国の戦略 IN-IN は完全ベイジアン均衡ではない。

⑵　A国が戦略 IN-OUT をとる場合

強いタイプのA国だけが行動 IN をとるから，A国の行動 IN を観察したB国はA国が強いタイプであると合理的に予想できる。すなわち，B国の事前予想 $(p, 1-p)$ は事後予想 $(1, 0)$ に変化する。このように，ある行動を観察して事前予想が事後予想に変化することを**ベイズ学習**という。事後予想 $(1, 0)$ の下でのB国の最適行動は C である。B国が C を選択するとき，弱いタイプのA国の最適行動は OUT でなく IN であるから，A国の戦略 IN-OUT は完全ベイジアン均衡ではない。

⑶　A国が戦略 OUT-IN をとる場合

弱いタイプのA国だけが行動 IN をとるから，A国の行動 IN を観察したB国はA国が弱いタイプであると合理的に予想できる。すなわち，B国の事前信念 $(p, 1-p)$ は事後信念 $(0, 1)$ に変化する。事後信念 $(0, 1)$ の下でのB国の最適行動は F である。B国が行動 F を選択するとき，弱いタイプのA国の最適行動は IN でなく OUT であるから，A国の戦略 OUT-IN は完全ベイジアン均衡ではない。

⑷　A国が戦略 OUT-OUT をとる場合

A国のどのタイプも行動 OUT をとり，ゲームは終了する。A国の行動 OUT が最適行動であるためには，B国の行動は F でなければならない。逆に，B国の行動 F が最適であるためには，B国の事後信念 $(q, 1-q)$ は，$3(1-q) > 2$，すなわち，$q < 1/3$ でなければならない。A国が戦

略 *OUT-OUT* に従って行動を選択するとき，B 国が A 国の行動 *IN* を観察する機会はない。A 国の行動 *IN* は均衡プレイでは選択されないので，A 国の行動 *IN* は均衡プレイ外（第 5 章第 4 節）である。均衡プレイ外の行動は**反事実的**（counterfactual）な状況での行動であり，実際には選択されない。A 国の反事実的な行動 *IN* を観察して B 国がどのように事後信念を形成するかを決定することは難しい問題である。通常，完全ベイジアン均衡では，均衡プレイ外の行動を観察するとき，どのような事後信念も可能であると仮定される。B 国の事後信念が $q < 1/3$ を満たすとき，A 国の戦略 *OUT-OUT* と B 国の戦略 *F* は完全ベイジアン均衡である。

　領土紛争ゲームの完全ベイジアン均衡の性質を要約する。

　第一に，A 国の軍事的強さに関する B 国の事前信念が何であろうと，戦略の組（*OUT-OUT*，*F*）は完全ベイジアン均衡である。この均衡は，A 国が均衡プレイ外の行動 *IN* をとるという反事実的状況において，A 国が軍事的に強いタイプである確率は 3 分の 1 未満であると予想する B 国の事後信念によって可能となる。この事後信念の下では，B 国は行動 *F* を選択することが最適であり，これによって A 国の侵入を阻止できる。

　第二に，B 国の事前信念が A 国の軍事力を強いと高い確率で予想する（$p > 1/3$）とき，別のタイプの完全ベイジアン均衡（*IN-IN*，*C*）が存在する。この均衡では，A 国はどのタイプでも侵入し，B 国は A 国の行動から追加的情報を得ることができず，事前信念と事後信念は同じである。B 国は，A 国の軍事力を強いと高い確率（$p > 1/3$）で予想するので，行動 *C* を選択し，B 国の行動を合理的に推論する A 国は侵入する。

　さらに，図 6-5 の領土紛争ゲームでは，A 国が確率的に「はったり」（bluff）をかけて侵入する完全ベイジアン均衡も存在する。均衡では，弱いタイプの A 国は確率的に強いタイプであるように装って B 国に侵入し，B 国は A 国が強いタイプである確率は大きいと信じる。このような確率的な行動を含む混合戦略による完全ベイジアン均衡を，以下で求めてみよう。

　いま，弱いタイプの A 国が侵入する確率を $x > 0$，A 国が侵入するときに B 国が A 国と対立する確率を $y > 0$ とする。強い A 国は確実に侵入する

とする。また，B 国の事後予想を $(q, 1-q)$ とする。弱いタイプの A 国は確率的に B 国に侵入するから，OUT を選択したときの利得と IN を選択したときの利得が等しくなる。つまり，$1 = 2(1-y)$ であり，$y = 1/2$ が成り立つ。同様に，B 国は行動 F と行動 C を確率的に選択するから，F を選択したときの利得と C を選択したときの利得が等しい。つまり，$3(1-q) = 2$ であり $q = 1/3$ が成り立つ。

　弱いタイプの A 国が侵入する確率 x の値は，B 国の事後信念が $q = 1/3$ となるように定まる。A 国が強いタイプでかつ行動 IN を選択する確率は p であり，A 国が弱いタイプでかつ行動 IN を選択する確率は $(1-p)x$ である。ゆえに，A 国が行動 IN を選択するとき，A 国が強いタイプである条件つき確率は，ベイズの公式より

$$\frac{p}{p + (1-p)x}$$

である。B 国の事後予想 $q = 1/3$ はこの値と等しいので，

$$\frac{p}{p + (1-p)x} = \frac{1}{3}$$

が成り立つ。これを解いて，

$$x = \frac{2p}{1-p}$$

を得る。$p \le 1/3$ のとき，x は確率の条件 $0 \le x \le 1$ を満たす。

　B 国が，A 国の軍事力が強い確率は小さい（$p \le 1/3$）と予想するとき，強いタイプの A 国は確実に侵入し，弱いタイプの A 国は「はったり」をかけて確率 x で侵入する。相手国が自国の軍事的レベルについて不確実であることを戦略的に利用して，弱いタイプの A 国は強いタイプの行動を模倣して B 国への侵入を確率的に選択する。B 国は A 国の侵入行動を観察して，A 国が強いタイプである確率の値を事前信念 p から事後信念 $q = 1/3$ に上げる。

　まとめると，図 6-5 の不確実性下での領土紛争ゲームの完全ベイジアン均衡は表 6-3 のように示される。完全ベイジアン均衡は複数存在する。B

表 6-3 不確実性下の紛争ゲームの完全ベイジアン均衡

A 国の事前信念	完全ベイジアン均衡
$0 \leq p < 1/3$	$(OUT\text{-}OUT,\ F)$, 混合戦略均衡
$1/3 < p \leq 1$	$(OUT\text{-}OUT,\ F)$, $(IN\text{-}IN,\ C)$

国の事前信念によっては，弱いタイプの A 国が行動情報を戦略的に利用して B 国に強いタイプと信じさせようとする混合戦略均衡が存在する。

5 平和のシグナル

　国際紛争では，二国が互いに相手国の軍事的意図に関して不確実であるため，対立がエスカレートする危険がある。対立がエスカレートしないように，プレイヤーは対立より平和を望むことを相手に伝えようとする。プレイヤーが自分のタイプを相手に伝えようとする行為を**シグナリング** (signaling) という。この節では，国際紛争の状況でシグナリングが有効に機能するための条件を情報不完備ゲームのモデルを用いて説明しよう。

　第3章第4節の安全保障のジレンマを再び考える。利得表は表6-4で与えられる。A 国のタイプは平和的 (*P*, peaceful の頭文字) と戦闘的 (*M*, militant の頭文字) の二通りとする。平和的なタイプは平和戦略を選択し戦闘的なタイプは軍備増強を選択すると仮定する。B 国は A 国のタイプを知らず，確率1/4で A 国は平和的なタイプであり，確率3/4で戦闘的タイプであると予想している。この事前予想の下では，B 国の期待利得は平和戦略をとると5/4，軍備増強戦略をとると6/4であるから，B 国の最適戦略は

表 6-4　安全保障のジレンマ

A 国 ＼ B 国	平　和	軍備増強
平　和	5 , 5	0 , 3
軍備増強	3 , 0	1 , 1

軍備増強である。平和を望む A 国（タイプ P）はその意図が B 国に伝わらないため，利得は最悪の 0 となる。また，B 国は軍備を増強するため，二国間の軍事的緊張は高まり，国際社会全体にとっても望ましくない。

次に，A 国が平和を望む意図をシグナルを通じて B 国に伝え，対立がエスカレートする事態を避けようとする状況を考える。平和のシグナルは，外交や国内世論の説得などのコストを伴う。シグナルのコストは，A 国のタイプで異なり，平和的なタイプではコストは 1 であるが，戦闘的なタイプではコストは大きく 4 とする。例えば，戦闘的志向の政治家は相手国に平和のシグナルを出すことによって国内の支持基盤を失い，将来の選挙で敗北するなどのコストが平和的なタイプより大きい。

ゲーム・ツリーは図 6-6 で表される。初期点 O で A 国のタイプが B 国の事前予想（1/4，3/4）で定まる。次に，A 国は平和のシグナルを発信する（行動 S, signal の頭文字）か，しない（行動 N, not の頭文字）を選択する。最後に，B 国は A 国の行動を観察して，平和行動（P）をとるか，軍備増強をする（M）を選択する。図 6-6 を**シグナリング・ゲーム**という。

図 6-6 のゲームの完全ベイジアン均衡を求めてみよう。最初に，戦闘的タイプの A 国が平和のシグナルを発信するかどうかを調べる。平和のシグナルを発信すると，B 国の行動に関わらず利得は負となり，発信しないときの利得（3 か 1）より低い。したがって，戦闘的タイプの A 国は平和のシグナルを発信しない。これより，A 国が平和のシグナルを発信すると，B 国は（右側の情報集合で）A 国が平和的なタイプと予想できるので，平和戦略 P を選択する。A 国が平和のシグナルを発信しないとき，B 国の（左側の情報集合で）事後信念と行動はどのようになるであろうか？ 平和的タイプの A 国が平和のシグナルを発信しない確率を x とおく。このとき，A 国が平和的タイプでかつ平和のシグナルを発信しない確率は $x/4$ であり，A 国が戦闘的タイプでかつ平和のシグナルを発信しない確率は 3/4 である。ベイズの公式より，A 国が平和のシグナルを発信しないとき，A 国が平和的なタイプである条件つき確率は $x/(x+3)$ である。$x \leq 1$ より，$x/(x+3) \leq 1/4$ である。事後信念では B 国は A 国が平和的である確率を事前信念より低く

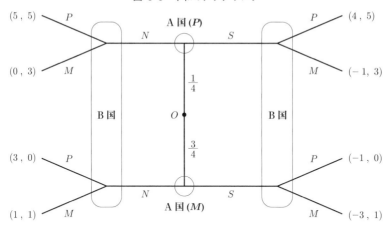

図 6-6　平和のシグナリング

見積もることに注意する。この事後信念の下では，B 国の最適戦略は軍備
拡大（M）である。最後に，平和的なタイプの A 国の行動を調べる。A 国
の利得は平和のシグナルを発信すると 4，発信しないと 0 であるから，平和
的なタイプの A 国は平和のシグナルを発信する。

　まとめると，完全ベイジアン均衡では，(1) 平和的な A 国は平和のシグナ
ルを発信し，戦闘的な A 国は平和のシグナルを発信しない，(2) 平和のシグ
ナルを受けた B 国は，A 国が平和的なタイプであると推論し平和戦略をと
る。国家が合理的な推論能力をもつならば，A 国のシグナルは有効に機能
し，A 国が平和を望むことが B 国に伝わる。シグナルが機能してプレイヤ
ーのタイプが相手に正しく伝わるためには，シグナルのコストが A 国のタ
イプによって異なることが必要である。

> ま　と　め

(1)　プレイヤーが他のプレイヤーの属性（タイプ）について不完全な知識
　　しかもたないゲームを情報不完備ゲームという。

⑵　完全ベイジアン均衡では，プレイヤーはゲーム・ツリーのすべての情
報集合で事後信念と相手の戦略に対して最適な行動を選択する。
⑶　プレイヤーが自分のタイプを相手に伝えようとする行為をシグナリン
グという。

練習問題

①　歴史上の紛争を一つとり上げ，紛争の原因を調べなさい。
②　国際社会で対立のエスカレーションが発生した事例を調べなさい。

注

1)　A 国の期待利得は区間 $0 \leq x < p)$ で単調に増加するので，A 国の最適
戦略は区間 $p \leq x \leq 1$ で期待利得 $U_A(x)$ を最大にする提案である。A 国の
領土分割の提案 $(x, 1-x)$ が $p \leq x \leq 1$ を満たすとき，A 国の期待利得
$U_A(x) = (1-x+p)x + (x-p)(p-c_A) = -x^2 + (2p+1-c_A)x - p(p-c_A)$
は上に凸な二次関数で $x = p + (1-c_A)/2 (\geq p)$ で最大となる。したがって，
期待利得の最大解は，$x = p + (1-c_A)/2$ が区間 $p \leq x \leq 1$ の端点 1 より大
きいか小さいかで二通りである。$1 \leq p + (1-c_A)/2$ のとき，期待利得の最
大解は $x = 1$ である。また，$p + (1-c_A)/2 < 1$ のとき，期待利得の最大解
は $x = p + (1-c_A)/2$ である。

第 **7** 章

長期的な相互依存関係

平和が続くための条件とは？

イントロダクション─────────────

　国際社会での国と国とのつきあい，経済や文化の交流は一度限りで
はなく長期にわたる。長期的な関係では，現在の行動は将来の状況を
変化させる。プレイヤーは，将来に及ぼす影響を考慮して行動を選択
しなければならない。ゲーム理論を用いて，長期的な関係の下での戦
略的意思決定と協力の可能性を学ぶことができる。

　プレイヤーが互いに長期的な視野に立つとき，協力からの逸脱に対
する制裁の手段を用いることで，協力関係を持続させることができる。
制裁を組み入れた戦略には，トリガー戦略やしっぺ返し戦略など，さ
まざまなものがある。長期関係では，「協力には協力，非協力には非協
力」の互恵主義の行動原理が協力を実現するために有効である。国際
協力のための資金援助や技術協力などの無償協力は，人道的立場ばか
りでなく国益追求と互恵主義の原則からも説明できる。互恵主義は異
なる世代間の協力の実現にも有効である。

1 協力と抑止

　国際貿易や国際開発など国際社会における相互依存関係は，長期にわた
り継続されることが多い。ゲームが繰り返しプレイされるとき，プレイヤ
ーは現在の行動が将来のゲームに及ぼす影響を考慮する必要がある。この
章では，長期的な相互依存関係における意思決定を研究する**繰り返しゲーム**
（repeated game）の基礎について説明しよう。

第3章第6節で見た二国の軍備増強競争における囚人のジレンマを再び考えよう。二国は平和 (C) と軍備増強 (D) の二つの行動をもつ。利得表は，表7-1で与えられる。

表 7-1　軍備増強ゲーム

A国＼B国	平　和	軍備増強
平　和	5 , 5	0 , 7
軍備増強	7 , 0	1 , 1

ゲームが際限なく繰り返しプレイされるとき，プレイヤーは毎回のゲームで利得を得る。例えば，二国間で平和な状態が続けば，双方とも利得の列

$$(5, 5, 5, \cdots)$$

を得る。また，平和が続いているときに，A国だけが軍備増強をし，その後は，二国が対立しともに軍備増強を続けるとき，A国は利得の列

$$(7, 1, 1, \cdots)$$

を得る。プレイヤーはこの二つの利得の列をどのように評価するだろうか？単なる利得の総和は無限大になり，有効な評価の指標ではない。

　通常，繰り返しゲームの理論では，プレイヤーは将来利得を現在利得より割り引いて評価すると仮定する。例えば，プレイヤーは「明日利得5を得る」ことと「今日5より少ない利得 $5r$ を得る」ことを同等とみなす。ここで，r は0と1の間の実数であり，**将来利得の割引因子**と呼ばれる。将来利得の割引因子が1に近いならば，プレイヤーは将来利得を現在利得とほぼ同じように評価し，長期的視野に立って意思決定する。これに対して，将来利得の割引因子が0に近いならば，プレイヤーは将来利得をほとんど評価せず，現在利得がプレイヤーの意思決定を大きく左右する。

　プレイヤーは割引利得の総和を用いて利得の列を評価するとしよう。利得列 $(5, 5, 5, \cdots)$ の割引利得の総和は

$$5 + 5r + 5r^2 + \cdots = \frac{5}{1-r}$$

である。また，利得列（7, 1, 1, $\cdots$）の割引利得の総和は

$$7 + r + r^2 + \cdots = 7 + \frac{r}{1-r} = \frac{7-6r}{1-r}$$

である。$5 > 7 - 6r$，すなわち，$r > 1/3$であれば，プレイヤーは利得列（5, 5, 5, $\cdots$）を利得列（7, 1, 1, $\cdots$）より高く評価する。

　囚人のジレンマが1回しかプレイされないとき，表7-1の利得表のナッシュ均衡は行動の組（軍備増強，軍備増強）であり，二国間で平和は実現しない。しかし，長期的視野に立つ二国がゲームを繰り返しプレイするとき，相手国の軍備増強を抑止することにより二国間で平和が実現することを，以下で示そう。

　囚人のジレンマでプレイヤーは過去のプレイの結果を知った上で行動を選択するとする。次のようなプレイヤーの戦略を考える。

　　　「初回はCをとる。2回目以降，前回のプレイが（C, C）であれば，Cをとる。そうでなければ，以後ずっとDをとり続ける。」

　この戦略は，**トリガー戦略**と呼ばれている。トリガー（trigger）は「引き金」という意味で，（C, C）以外のプレイが引き金となって，次回以降，Dをとり続けるという戦略である。二国がトリガー戦略を用いるとき，毎回（C, C）がプレイされ，二国は利得列（5, 5, 5, $\cdots$）を得る。もしA国だけが裏切ってDに行動を変更すると，次回以降，相手国はDをとり続ける。このとき，A国の最適行動はDをとり続けることであるから，A国はよくて利得列（7, 1, 1, $\cdots$）を得る。すでに示したように，A国の将来利得に対する割引因子rが$r > 1/3$を満たせば，A国は利得列（5, 5, 5, $\cdots$）を利得列（7, 1, 1, $\cdots$）より好むので，行動をCからDに変更するインセンティブをもたない，すなわち，トリガー戦略の組は，繰り返し囚人のジレンマのナッシュ均衡となる。

　トリガー戦略は，相手国が軍備を増強すれば自国も軍備増強をするとい

う行動様式であり，相手国が長期的視野に立つならば，軍備増強を抑止できる。このことは，短期的利得と長期的損失の関係からも説明できる。平和状態から一国が軍備を増強すれば，短期的な利得 $7 - 5 = 2$ を得る，一方，次回以降，利得は平和状態に比べて $5 - 1 = 4$ だけ下がり続け，長期的な損失は

$$4r + 4r^2 + \cdots = \frac{4r}{1 - r}$$

となる。$r > 1/3$ ならば，長期損失が短期利得を上回り，各国とも平和状態から軍備増強をするインセンティブをもたない。

トリガー戦略において，相手が軍備増強をすれば，自国も軍備増強をする行動様式は，相手国の裏切りに対する**制裁**（sanction）の役割をもつ。繰り返しゲームの理論は，協力からの逸脱行為に対する制裁の可能性が相手の逸脱行為を抑止できるメカニズムを説明する。トリガー戦略は，期間の際限がない制裁を含む戦略である。

トリガー戦略の組は，繰り返し囚人のジレンマのナッシュ均衡であることをみた。均衡プレイは (C, C) が続く。均衡以外のプレイが実現すると，その後はプレイヤーはつねに D をとる。したがって，均衡外のプレイでも，相手の戦略に対してプレイヤーは最適行動を選択するから，トリガー戦略は逐次合理性を満たし，部分ゲーム完全均衡である。

以上，繰り返し囚人のジレンマでは，プレイヤーが長期的視野に立てば，協力関係が実現することをみた。繰り返しゲームでは，多くのナッシュ均衡が存在する。例えば，プレイヤーがつねに D を選択する戦略（All-D 戦略）の組は，将来利得の割引因子がどんな値をとろうともナッシュ均衡である。繰り返しゲームのナッシュ均衡（と完全均衡）を特徴づける定理を，繰り返しゲームの**フォーク定理**という[1]。

2 互 恵 主 義

前節のトリガー戦略は，抑止に基づく協力関係の実現を説明するが，相手

の協力からの逸脱行為に対して際限なく制裁を実行し対立が固定化するという問題がある。現実の国際社会では，国際条約からある国が逸脱した場合，他の国は制裁を実行するが，相手国が条約を遵守すれば，制裁は停止され協力関係が復元されることが多い。この節では，このような「協力には協力，非協力には非協力」という互恵主義に基づく行動原理について説明しよう。

繰り返し囚人のジレンマ（表7-1）で，次のような戦略を考える。

> 「最初は，C をとる。2回目以降は前回の相手と同じ行動を選択する。」

この戦略は，**しっぺ返し**（tit-for-tat）**戦略**と呼ばれる。相手が協力すればこちらも協力するが，相手が裏切ればこちらも裏切るという行動様式で，「親切には親切，不親切には不親切」という互恵主義に基づく。相手が D をとれば，次回はこちらも D をとって制裁するが，相手が次回 C をとれば次々回は C をとる。しっぺ返し戦略の制裁は1回だけであり，トリガー戦略より寛容な戦略である。

しっぺ返し戦略が繰り返し囚人のジレンマのナッシュ均衡となることを示そう。二人がしっぺ返し戦略を用いると，毎回，行動の組（C，C）がプレイされ，利得の列（5，5，5，$\cdots$）が実現する。二人のプレイヤーは割引利得和 $5/(1-r)$ を得る。もしプレイヤー2が初回に D をとれば，二回目までのプレイは，プレイヤー2の二回目の行動に応じて

$$(C，D)\quad(D，C)$$

または

$$(C，D)\quad(D，D)$$

の二通りがある。

最初のケースでは，三回目のゲームでしっぺ返し戦略をとるプレイヤー1は C をとる。したがって，プレイヤー2にとって三回目のゲームは初回目のゲームと同じ状況であるから，初回で D，二回目で C をとることが最適

であると判断したプレイヤー 2 は，同じように三回目で D，四回目で C を
とると考えられる。したがって，三回目以後，二回目までのプレイがくり返
され，行動の列

$$(C , D) \quad (D , C) \quad (C , D) \quad (D , C) \quad \cdots$$

が実現する。プレイヤー 2 の割引利得の総和は

$$7 + 7r^2 + 7r^4 \cdots = \frac{7}{1 - r^2}$$

である。したがって，

$$\frac{5}{1 - r} > \frac{7}{1 - r^2}$$

のとき，すなわち $r > 2/5$ のとき，プレイヤー 2 はしっぺ返し戦略を変更
するインセンティブをもたない。

　第二のケースでは，三回目のゲームでプレイヤー 1 は D をとるから，プ
レイヤー 2 にとって二回目のゲームと同じ状況である。二回目で D をとる
ことが最適であると判断したプレイヤー 2 は三回目でも D をとると考えら
れる。したがって，行動の列

$$(C , D) \quad (D , D) \quad (D , D) \quad (D , D)$$

が実現する。トリガー戦略の場合と同じく $r > 1/3$ であれば，プレイヤー 2
はしっぺ返し戦略を変更して，初回に行動 D をとるインセンティブをもた
ない。

　以上より，将来利得の割引因子が $r > 2/5$ を満たすならば，しっぺ返し
戦略の組は繰り返し囚人のジレンマのナッシュ均衡であることがわかる。[2]

3 無 償 協 力

　国際協力では，二国間贈与や技術協力，NGO による資金提供など無償協
力が実施されることもしばしばである。このように無償で相手を助ける利他

的行為は，他人を助けることに喜びを見出す利他的動機から説明できるが，繰り返しゲームの理論を用いると，利己的動機と互恵主義の行動原理からも説明できることをみてみよう。

いま，A国とB国の二国間協力を考えよう。A国は資金が豊富なので，B国に資金の一部を無償提供できる。B国は石油などの天然資源が豊富なので，A国に資源の一部を無償提供できる。資金 x と天然資源 y の組み合わせ (x, y) に対して，A国とB国の効用関数を $u(x, y) = xy$ とする。各国とも，自国が保有する財のみから効用を得て，利己的な動機だけしかもたない。

協力の前には，A国は資金を5単位，天然資源を1単位保有する。B国は資金を1単位，天然資源を5単位保有する。二国は，「豊富に保有する財を相手国に1単位無償で提供する」（行動 C）か，「相手国と協力しない」（行動 D）を選択する。効用関数から，利得表は表7-2のようになる。

表7-2　無償協力ゲーム

A国　＼　B国	無償協力する	しない
無償協力する	8 , 8	4 , 10
しない	10 , 4	5 , 5

表7-2の利得表は囚人のジレンマの状況を示し，各国の個人合理的な行動は，相手国に無償協力しないことである。ゲームが一回限りでは，利己的な動機をもつ二国間で無償協力は実現しない。

国際関係は一回限りでなく長期的な関係である。ゲームが繰り返される状況で，「もし相手国から無償協力があれば，次回はこちらも無償協力する。もし無償協力がなければ，次回はこちらも無償協力しない」というしっぺ返し戦略を考える。前節でみたように，二国が長期的視野に立てば，しっぺ返し戦略は繰り返しゲームのナッシュ均衡となり，利己的動機をもつ国の間でも無償協力が実現する。

二国間の無償協力は，リスクを回避する役割をもつ。このことを，次の例

図 7-1　通貨協定ゲーム

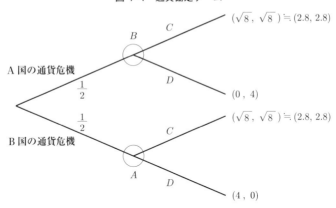

でみてみよう[3]。

　1990 年代の通貨危機以後，東アジア諸国では通貨危機に際して互いの中央銀行が緊急外貨支援を行うという協定が締結されている。いま，A 国とB 国が相手国が通貨危機におちいって，保有外貨 16 単位のうち半分を支援する（行動 C）か，支援しない（行動 D）かを選択するという状況を考える。通貨危機におちいった国の通貨保有量を 0 とする。通貨保有量 x 単位の効用関数を $y = \sqrt{x}$ とする。各国はリスク回避的であるとする。それぞれの国が通貨危機におちいる確率を 2 分の 1 とする。ゲーム・ツリーは，図 7-1で与えられる。

　表 7-3 は利得表である。利得表から，ゲームは囚人のジレンマであり，各国の個人合理的な戦略は相手国を援助しないことであることがわかる。一回限りのゲームのナッシュ均衡では，通貨協定は実現しない。

表 7-3　通貨協定ゲーム

A 国 ＼ B 国	支援する	しない
支援する	2.8，2.8	1.4，3.4
しない	3.4，1.4	2，2

表 7-3 のゲームが繰り返しプレイされる状況を考える。二国がトリガー戦略に従って行動を選択すると、二国間で通貨協定が実現する。もし二国が長期的視野に立つならば、通貨協定は遵守される。もし一国が協定を遵守しなければ、短期利得の増分は 0.6（$= 3.4 - 2.8$）である。一方、通貨協定が実現しないことによる長期損失は $0.8r/(1-r)$ である。ただし、r は将来利得の割引因子である。したがって、r が 7 分の 3 より大きいときには、各国とも通貨協定から逸脱するインセンティブをもたないため、トリガー戦略の組はナッシュ均衡である。

4 世代間の協力

繰り返しゲームのモデルは、同じプレイヤーがゲームを繰り返しプレイする状況ばかりでなく、異なる世代のプレイヤーがゲームを繰り返しプレイする状況にも応用できる。繰り返しゲームのモデルを用いて、世代間の協力の可能性を考えてみよう。

年金は、現役世代が引退世代の生活を支える社会制度であり、世代間の協力を必要とする。次のような年金のゲーム（世代ゲーム）を考える。[4] 個人は、子（現役世代）と親（引退世代）の二期間生きるとする。子は消費財 2 単位を生産し、消費財 1 単位を親に贈与する（行動 C）か、贈与しない（行動 D）かを選択する。個人の生涯消費の組み合わせは、（子世代での消費量，親世代での消費量）の組で表される。消費財は生鮮食料品やケーキのように貯蔵できないとする。利己的個人は、生涯消費の組み合わせに関する選好順序 $(2, 1) > (1, 1) > (2, 0) > (1, 0)$ をもつとする。個人は各世代で多くの財を消費することを好む。また、現役世代と引退世代で財を 1 単位ずつ消費する消費ベクトル $(1, 1)$ の方を、現役世代で財を 2 単位消費できるが引退世代では財を消費できない消費の組み合わせ $(2, 0)$ より好む。

すべての世代の子が行動 D をとる場合を考える。このとき、各世代における親と子の消費量は

	世代 1	世代 2	世代 3
親	0	0	0
子	2	2	2

である。各世代の子は，自分が引退したときに次世代の子が財を贈与してくれないので，行動を D から C に変更するインセンティブをもたない。すべての世代の子が D をとる状態は，世代ゲームのナッシュ均衡であり，年金制度は成り立たない。

　次に，すべての世代の子が

(1)　自分の親が行動 C をとった親（子の祖父母）に対して行動 D をとれば，行動 D をとる。

(2)　(1)以外は，C をとる，

という戦略を採用するとする。行動ルール(1)は，子は親が第三者（祖父母）に不親切な行動をとれば自分も不親切な行動をとることを意味し，このような行動は**間接互恵性**（indirect reciprocity）と呼ばれる。このとき，各世代における親と子の消費量は

	世代 1	世代 2	世代 3	⋯
親	1	1	1	⋯
子	1	1	1	⋯

となる。どの世代の子も行動 D をとるインセンティブをもたないことを示す。

　議論はどの世代でも同じであるから，世代 1 の子の行動を調べよう。もし世代 1 の子が親に対して行動 D をとれば，各世代における親と子の消費量は

	世代 1	世代 2	世代 3	⋯
親	0	0	1	⋯
子	2	2	1	⋯

となる。世代2の子はルール(1)より行動 D をとる。[5] 世代3の子にはルール(1)は適用されず，世代3の子はルール (2) より行動 C をとる。世代1の子は消費の組み合わせ (1, 1) を (2, 0) より好むので，行動を C から D に変更するインセンティブをもたない。同じ議論がすべての世代に成り立つから，上記の戦略は，世代ゲームのナッシュ均衡である。さらに，（部分ゲーム）完全均衡でもある。なぜならば，均衡プレイ外での行動を示すルール(1)は，子の最適行動を指定するからである。例えば，上の消費量の列で世代3の子は C をとるから，世代2の子にとって D は最適行動である。

ま と め

(1) 長期にわたり同じゲームが繰り返されるゲームを繰り返しゲームという。

(2) プレイヤーの将来利得の割引因子の値が一定数以上のとき，囚人のジレンマでの協力はトリガー戦略によって実現可能である。

(3) 互恵主義の行動原理は長期関係における協力の実現に有効である。

練 習 問 題

① 第4章第1節の国際公共財の供給ゲームで公共財の限界便益 a が $1/n$ より大きく1未満の場合を考える。すべてのプレイヤーが最大の貢献額を選択する状態が実現するための将来利得の割引因子 r の条件を求めなさい。ただし，一人でもプレイヤーが最大の貢献額を選択しないとき，以後ずっと，すべてのプレイヤーは何も貢献しないというトリガー戦略を用いるとする。

② 日常社会や国際社会の協力状況を一つとり上げ，協力からの逸脱に対する制裁がどのように用いられているかを論じなさい。

注 ————————————————————————————————

1) フォーク定理の名前の由来は folklore（民間伝承）から来ている。定理は
   すでに 1950 年代から研究者の間で知られていたが，その証明は 1970 年代ま
   で公表されなかったので，フォーク定理と呼ばれている。

2) 一般に，しっぺ返し戦略は完全均衡ではない（岡田［2011］245 ページ）。

3) 例は Wydick［2008］p.75 を参考にしている。

4) ゲームは，Rubinstein［1992］から引用している。

5) 戦略のルール(1)を世代 1 の子に適用するために，便宜上，世代 1 の親は，
   世代 0 の親に対して行動 C をとったと想定する。

第**8**章

地球環境問題

温暖化対策は何が有効なのか？

イントロダクション────
　人間活動に伴う二酸化炭素などの温室効果ガスの排出により大気が温暖化し，地球全体に深刻な影響をもたらしている。地球温暖化を阻止するためには国際社会のすべての国の協力が必要である。しかし，気候変動枠組条約の国際交渉では先進国と途上国の対立が激しく，京都議定書の約束期間が終了した後も，パリ協定など有効な温暖化対策の国際交渉が続いている。ゲーム理論を用いて，温暖化対策をめぐる利害対立や温暖化対策として導入される排出量取引などの経済的手法の有効性について学ぶことができる。
　温暖化阻止のためには，地球全体の二酸化炭素排出量を最適なレベルに削減するという効率性の視点とともに，先進国と途上国の対立を解消するための公平性の視点が大切である。また，温暖化対策が有効であるためには，先進国だけでなく途上国を含むすべての国が参加できる国際的な枠組みを作る必要がある。そのため，排出量取引などの市場メカニズムを導入するとともに，複数の国が共同で排出量の削減に取り組む国際協力が求められる。

1　気候変動枠組条約交渉

　地球環境問題の解決には，国際社会の協力が必要不可欠である。とりわけ，地球温暖化問題では，人間活動に伴う二酸化炭素（CO_2）などの温室効果ガスの排出により地球全体が温暖化し，気候変動や海面水位の上昇，南極

や北極の氷の減少など人間社会に深刻な影響を及ぼしている。

　2016 年の主要国の CO_2 排出量（単位 100 万トン）と全排出量に対する割合は，次のとおりである。[1]　① 中国 9,057（28.0%），② 米国 4,833（15.0%），③ インド 2,077（6.4%），④ ロシア 1,439（4.5%），⑤ 日本 1,147（3.5%），⑥ ドイツ 732（2.3%），⑦ 韓国 589（1.8%），⑧ カナダ 541（1.7%），⑨ インドネシア 455（1.4%）。

　気候変動枠組条約交渉の経緯を概観しよう。[2]　1988 年に，世界気象機関（World Meteorological Organization：WMO）と国連環境計画（United Nations Environment Programme：UNEP）の下に気候変動を科学的に評価する国際機関として「気候変動に関する政府間パネル」（Intergovernmental Panel on Climate Change：IPCC）が設立された。IPCC は 1990 年に第一次報告書を発表し，温室効果ガスの排出によって人類に重大な影響をおよぼす気候変化が生じる危険があると警告した。1992 年に，リオデジャネイロで開催された国連の地球サミットで「気候変動枠組条約」（United Nations Framework Convention on Climate Change：UNFCCC）が採択された。条約の前文は，

　　　「地球の気候の変動及びその悪影響が人類の共通の関心事であることを確認し，人間活動が大気中の温室効果ガスの濃度を著しく増加させてきていること，その増加が自然の温室効果を増大させていること並びにこのことが，地表及び地球の大気を全体として追加的に温暖化することとなり，自然の生態系及び人類に悪影響を及ぼすおそれがあることを憂慮し，……」

と述べている。条約の究極の目的は，「気候系に対して危険な人為的干渉を及ぼすこととならない水準において大気中の温室効果ガスの濃度を安定化させる」（第 2 条）ことである。[3]

　1995 年に第 1 回締約国会議（Conference of the Parties：COP）が開催され，法的拘束力のある削減目標を定める議定書をつくることが決議された。1997 年に京都で開催された COP3 で京都議定書（Kyoto Protocol）が採択

され，2008年から2012年の間（第一約束期間）で先進国全体として1990年比で5.2%の温室効果ガスの排出量を削減すること，並びに各国の削減目標が合意された。主な先進国の削減目標は，オーストラリア8%（増），カナダ6%，EU 8%，日本6%，ロシア0%，米国7%である。また，各国の削減目標を達成するための経済的手法として，共同実施（Joint Implementation：JI），クリーン開発メカニズム（Clean Development Mechanism：CDM），排出量取引（Emissions Trading：ET）が導入された。これらの手法は，京都メカニズムと呼ばれている。

京都議定書は各国に削減の数値目標を設定する画期的な成果をあげたが，交渉の当初より，先進国と途上国の対立が深刻であった。先進国は，途上国とりわけ排出大国である中国とインドが参加しないことに不満をもった。一方，途上国は，気候変動の原因は産業革命以後の先進国による温室効果ガスの排出であり，気候変動は先進国の責任であると主張した。また，先進国の間でも削減目標の公平性をめぐる激しい対立があった。先進国の省エネ技術には差があり，削減目標の基準年の1990年前からすでに省エネ技術を開発し排出量の削減を実施してきた日本などの国は削減目標に不満をもった。

2001年，米国は自国経済に悪影響を及ぼすとして京都議定書から離脱した。京都議定書は2005年に先進国全体の排出量の55%を占める国が条約に批准し発効したが，米国の離脱のためUFNCCCの目的を達成することは困難になった。目的の達成は，京都議定書後の交渉（ポスト京都交渉）に委ねられた。

2007年にIPCCが第四次報告書を発表し，温暖化は人間活動による可能性が非常に高いと警告した。2011年にダーバン（南アフリカ）で開催されたCOP17で京都議定書の延長が決定されたが，日本，カナダおよびロシアは参加しなかった。

2015年にパリで開催されたCOP21で，2020年以降の新しい枠組みとしてすべての国が参加するパリ協定（Paris Agreement）が採択された。世界共通の長期目標として，産業革命前からの平均気温の上昇を2℃以下に保持し，上昇を1.5℃以下に抑制するよう努力することが，長期目標として合意

された。具体的な内容は，すべての国は削減目標を5年ごとに提出・更新し，共通かつ柔軟な方法でその実施状況を報告・レビューする，削減を補助するために二国間クレジット制度などの市場メカニズムを活用するなどである。翌2016年，パリ協定が発効した。[4]

　以上，これまでの気候変動枠組条約の交渉の経緯を概観したが，気候変動を防ぐ科学技術の問題を超えて，環境と経済成長の両立，途上国の貧困問題，先進国と途上国の経済不平等などの複雑な国際問題がからみ，交渉は難航している。拘束力のある合意として先進国に削減の数値目標を課した京都議定書は，すべての国が自主的に削減目標を設定するパリ協定に移行した。

　気候変動枠組条約を評価するためには，排出量取引などの市場メカニズムの理解が欠かせない。次節で，このことをみてみよう。

2 排出量取引

　京都メカニズムでは，温室効果ガス削減のため，共同実施，クリーン開発メカニズムと排出量取引という経済的手法が導入された。共同実施は，先進国間で温室効果ガス削減の共同プロジェクトを実施し，削減量を資金技術を投資した国の削減目標に算入できる制度である。これに対して，クリーン開発メカニズムは，途上国が持続可能な発展を実現し温室効果ガスの削減に貢献するように先進国が援助し，削減した排出量を先進国の削減として算定できる制度である。排出量取引は，先進国間で排出割当て量を取引できる制度である。これらの制度の共通点は，二国間（または多国間）の削減の限界費用の違いを利用して，二国合計の総削減費用を最小化でき，効率的な温室効果ガスの削減を実現できることである。これに加えて，クリーン開発メカニズムは，途上国の持続可能な発展に寄与する利点がある。以下では，排出量取引のメカニズムを説明しよう。

　CO_2 を排出している二つの先進国，A国とB国を考える。A国の排出量は100トン，B国の排出量は50トンである。国際条約で各国の削減量は一律に10%とすることが合意されたとする。

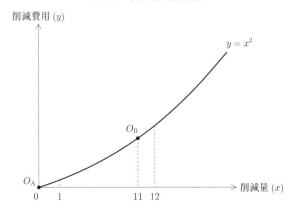

図 8-1 排出削減費用関数

削減費用 (y)

$y = x^2$

O_{B}

O_{A}

削減量 (x)

0　1　　　　　11　12

　先進国の CO_2 削減費用 y は排出削減量 x の関数であり、議論の単純化のために、図 8-1 のように、二次関数 $y = x^2$ で表されるとする。ただし、A 国はこれまで削減に努力していないので、現状 O_{A} は原点 0 にあるが、B 国（日本など）はこれまでに省エネ技術を開発して、すでに 11 トンを削減しているため、現状は点 O_{B} である。現状点の違いを考慮すると、削減量 x に対して、A 国の削減費用は、$y = x^2$、B 国の削減費用は $y = (x + 11)^2 - 121$ である。現状から CO_2 を追加的に 1 単位削減する費用は、A 国は 1 $(= 1 - 0)$ であるが、B 国は 23 $(= 144 - 121)$ である。B 国はすでに CO_2 を 11 トン削減しているため、今後さらに削減するとき、A 国より大きな費用がかかる。

　二国が独自に削減する場合、削減量、排出量と削減費用は表 8-1 のようになる。削減の結果、A 国は 90 トン排出し、B 国は 45 トン排出する。二

表 8-1　二国が独自に削減する場合

	削減量	排出量	削減費用
A 国	10	90	100
B 国	5	45	135

国全体の総削減費用は 235 である。削減後の限界削減費用（削減費用関数の接線の傾き）は，A 国が 20，B 国が 32 である。二国の限界削減費用の違いにより，B 国が 1 単位少なく削減する代わりに A 国が 1 単位多く削減すれば，二国全体の総削減量 15 トンを変えずに，二国の削減総費用を 12（= 32 - 20）節約できる。

　次に二国が協力して，二国全体の数値目標 15 トンを削減する場合を考える。A 国の削減量を x，B 国の削減量を $15 - x$ とする。このとき，二国の総削減費用は

$$x^2 + (26 - x)^2 - 121 = 2x^2 - 52x + 555$$

である。これより，A 国が $x = 13$ トン削減し B 国が 2 トン削減するとき，総削減費用は 217 で最小となる。すなわち，二国が協力すれば，総削減費用を 18（= 235 - 217）節約できる。

　二国の総削減費用の最小化は，図 8-2 で説明できる。図 8-2 は，総削減量 15 トンを二国で負担するときの各国の限界削減費用のグラフを表している。A 国の削減量は点 O_A からの距離で表され，B 国の削減量は点 O_B からの距離で表される。直線 $O_A A$ が A 国の限界削減費用のグラフ，直線 BC が B 国の限界削減費用のグラフである。総費用を最小にする A 国の削減量は二国の限界削減費用が等しい点 D での削減量 $x = 13$ である。

図 8-2　二国の最適な共同削減

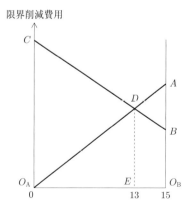

図 8-2 では，A 国は 13 トン削減し国際条約より 3 トン多く削減する。一方，B 国は 2 トン削減し，条約より 3 トン少ない。各国の削減費用は，A 国が 169，B 国が 48 である。図 8-2 の三角形 $O_A DE$ の面積が A 国の削減費用，台形 $O_B BDE$ の面積が B 国の削減費用を表す。

A 国の削減費用は，協力前より 69（= 169 - 100）増えるので，二国間協力を実現するためには，B 国は A 国の削減費用を補償する必要がある。A 国が B 国に代わって 3 トン多く削減するためには，B 国は A 国に最低補償額 69 を支払わなければならない。このとき，B 国の総費用は 117（= 48 + 69）であり，協力前の削減費用 135 より低い。したがって，A 国と B 国はともに共同で削減するインセンティブをもつ。

二国が協力して削減する場合，削減量，排出量と削減費用は表 8-2 のようになる。総削減費用は 217 で節約できる費用は 18 である。

表 8-2　二国が協力して削減する場合

	削減量	排出量	削減費用
A 国	13	87	169
B 国	2	48	48

B 国が A 国に最低補償額 69 を支払うとき，A 国の費用は 100，B 国の費用は 117 である。節約費用 18 はすべて B 国の削減費用を下げることに寄与している。A 国の費用は協力前と同じなので，A 国は最低補償額に不満をもつ可能性が高い。最大補償額は，B 国の費用が協力の前と後で変わらない 87（= 135 - 48）である。二国が合意可能な補償額は 69 以上 87 以下である。公平な補償額は中間の 78 である。このとき，二国は総節約費用 18 を均等分配し，補償金を含めた A 国の費用は 91，B 国の費用は 126 である。

最後に，二国が補償額を直接交渉するのではなく，市場で排出量を取引する状況を考える。排出量取引の考え方は，条約で合意された排出量を各国が取引前に保有する排出量とみなすことである。上の例では，A 国は 90 トンの排出量を保有し，B 国は 45 トンの排出量を保有する。各国は，条約で認められた排出量を超えて CO_2 を排出するためには，増加分だけ排出量を

市場で購入しなければならない。逆に，排出量が条約の合意レベル以下ならば，余った排出量を市場で売却できる。

　排出量の市場価格がどのように決まるかを，上の数値例でみてみよう。1 単位当たりの排出量の市場価格を p とする。A 国と B 国の排出量の需要をそれぞれ x, y とする。A 国の需要量 x が保有量 90 を超えるとき，超過分 $x - 90$ を市場で購入しなければならない。したがって，購入費用も含めた A 国の削減費用は

$$(100 - x)^2 + p(x - 90)$$
$$= x^2 - (200 - p)x + 10{,}000 - 90p \qquad (8. 1)$$

であり，A 国の最適需要量は $x = 100 - p/2$ である。同様に B 国の需要量 y が保有量 45 を超えるとき，超過分 $y - 45$ を市場で購入しなければならず，購入費用も含めた B 国の費用は

$$(61 - y)^2 - 121 + p(y - 45)$$
$$= y^2 - (122 - p)y + 3{,}600 - 45p \qquad (8. 2)$$

であり，B 国の費用を最小にする最適需要量は $y = 61 - p/2$ である。

　排出量の市場価格は，排出量の需要と供給が等しい価格であるから，

$$100 - \frac{p}{2} + 61 - \frac{p}{2} = 135$$

が成り立つ。これを解いて $p = 26$ である。このとき，A 国の排出量需要は $x = 87$ であり，A 国は排出量 3 トンを売却する。一方，B 国の排出量需要は $y = 48$ であり，B 国は排出量 3 トンを購入する。

　排出量の市場取引により，二国全体の削減量は協力して削減する場合と同じ 15 であり，総削減費用が最小化される。排出量取引後の A 国の費用は式 (8. 1) に $p = 26$, $x = 87$ を代入して 91 である。B 国の費用は式 (8. 2) に $p = 26$, $y = 48$ を代入して 126 である。この例では，各国の市場取引による削減費用は直接交渉によって公平な補償額が支払われる場合と同じである。

3 大気汚染の補償交渉

地球環境問題は，気候変動のように地球全体に影響を及ぼすグローバルな問題の他に，隣接する国の間をまたぐ大気汚染や国際河川における水質汚染などの地域的な問題がある。隣国による環境汚染によって国が損害を受けるとき，国際社会でどのように環境保全を行えばよいか，また，国内の環境汚染のように被害国が加害国から損害補償を受けることができるか，について考えよう。

隣接する二国の大気汚染問題を考える。A 国は化学工場の操業で 1 億円の利益があるが，工場の操業により隣の B 国の空気が汚染される。A 国が排煙を浄化すれば，B 国は利益を得る。浄化率を x（$0 \leq x \leq 1$）とするとき，A 国の費用は x^2 億円で，大気浄化による B 国の利益は x 億円であるとする。

A 国と B 国は国際交渉を通じて，A 国の化学工場の浄化率と被害補償について合意することを目指す。浄化率は二国の総利益を最大にする効率的なレベルに合意することが二国にとって合理的である。浄化率 x に対して，A 国の利益は $1 - x^2$ 億円，B 国の利益は x 億円であるから，A 国と B 国の総利益 $1 - x^2 + x$ を最大にする浄化率は $x = 0.5$ となる。そのとき A 国と B 国の総利益の最大値は 1.25 億円である。A 国の利益は 0.75 億円であり，B 国の利益は 0.5 億円である。

効率的な浄化率に双方とも合意するだろうか。A 国の立場からすれば，浄化率 0 のときは 1 億円の利益があるので，0.25 億円の損失である。一方，B 国の立場からすれば，浄化率 1 のときは 1 億円の利益があるので，0.5 億円の損失である。双方の利害対立は，損失を算定する基準点（合意が成立しない交渉の決裂点）の浄化率が異なることによる。浄化率の基準点は，環境汚染に関する国際規制ルールによって異なる。

次の二つの場合を考える。

⑴　大気汚染規制がある場合

　大気汚染を規制する国際条約があり，A国はB国の同意なしに大気を汚染できないとする。この場合，損害を算定する基準は浄化率 $x = 1$ である。基準点では，A国の利益は0億円であり，B国の利益は1億円である。効率的な浄化率 $x = 0.5$ では，A国の利益は0.75億円でありB国の利益は0.5億円であるから，二国の総利益は1.25億円である。効率的な浄化率では，基準点より総利得が0.25億円大きいので，0.25億円を均等に分配して基準点の利益に加えれば，

A国の利益0.125億円　　　B国の利益1.125億円

となる。二国とも基準点の利益より大きな利益を得るので，合意は双方にとって有利である。$x = 0.5$ のとき，B国の利益は0.5億円だから，A国からB国に0.625億円の補償金が支払われる。

⑵　大気汚染規制がない場合

　大気汚染を規制する国際条約がなく，A国はB国の同意なしに大気を汚染できる。この場合，基準点の浄化率は $x = 0$ である。A国の利益は1億円であり，B国の利益は0億円である。効率的な浄化率 $x = 0.5$ では，A国とB国の総利益は1.25億円だから，合意による総利益の増分0.25億円を均等に分配して基準点の利益に加えれば，

A国の利益1.125億円　　　B国の利益0.125億円

となる。二国とも基準点の利益より大きな利益を得るので，合意は双方にとって有利である。$x = 0.5$ のとき，B国の利益は0.5億円だから，B国からA国に0.375億円が支払われる。国際的な環境規制がない場合は，被害国は加害国に資金や技術を援助して大気の汚染を少なくすることで利益を得る。

　図8-3は，交渉の合意を示している。曲線 D_1D_2 は，浄化率 x（$0 \le x \le 1$）に対する二国の利益を示すグラフである。点 C は効率的な浄化率 $x = 0.5$ に対する二国の利益を示す。直線 E_1CE_2 は効率的な浄化率 $x = 0.5$ による二国の総利益1.25億円の実現可能な分配の組み合わせを表す。点 D_1

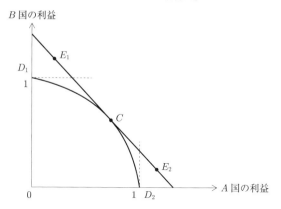

図 8-3　大気汚染の損害交渉

は完全な環境規制がある場合の基準点であり，点 E_1 は合意点である。点 D_2 は環境規制がない場合の基準点であり，点 E_2 は合意点である。

　ま　と　め

⑴　気候変動枠組条約交渉では，先進国だけが参加した京都議定書の後，すべての国が参加できるパリ協定が合意された。

⑵　排出量取引によって二酸化炭素排出量の総削減費用を世界全体で最小化できる。

　練 習 問 題

①　気候変動枠組交渉における先進国の主張と途上国の主張を調べなさい。それに対するあなたの意見を述べなさい。

②　国際的な環境汚染の事例を一つとり上げ，どのような解決方法が可能かを述べなさい。

注───────────────────────────

1) 日本エネルギー経済研究所計量分析ユニット（編）［2019］『EDMC／エネルギー・経済統計要覧 2019 年版』省エネルギーセンター，より引用している。

2) 条約交渉の経緯は，外務省 HP と環境省 HP を参照している。

外務省 https://www.mofa.go.jp/mofaj/ic/ch/page22_003283.html 最終アクセス日 2020 年 2 月 5 日。

環境省 http://www.env.go.jp/earth/ondanka/cop/index.html 最終アクセス日 2020 年 2 月 5 日。

3) UFNCCC の和訳は，環境省 HP より引用している。

http://www.env.go.jp/earth/cop3/kaigi/jouyaku.html 最終アクセス日 2020 年 2 月 5 日。

4) その後 2019 年 11 月，米国はパリ協定からの離脱を国連に通告した。

第9章

集団形成における対立と協力

多国間で協力して問題を解決するためには？

イントロダクション

　地球規模の問題を解決するためには，二国間の協力だけでは不十分であり，多くの国が参加する多国間協力が必要である。しかし，多国間協力は二国間に比べて参加国が多いため，国際協力は一層困難である。各国は交渉結果を有利にしようと集団を形成しようとする。協力のために形成される集団を提携という。一つの提携にすべての国が参加するとは限らず，提携に参加する国と参加しない国との間で利害対立が激しくなる。ゲーム理論を用いて，集団形成における利害対立と多国間協力が成立するための条件を学ぶことができる。

　多国間での利得分配において，パレート最適でどんな提携もブロックしない分配の集合をゲームのコアという。ゲームのコアが存在しない場合，多国間交渉は不安定である。多人数交渉の実験研究は，互恵主義や公平性が交渉の帰結に大きな影響を与えることを示している。近年は，ゲーム理論を用いて，自由貿易協定などのネットワーク形成や国際開発の分野における援助国と途上国の最適マッチングの研究も進んでいる。投票は集団的意思決定ルールの代表的な方法であり，民主的な投票ルールについても学ぶことができる。

1 多国間協力

　多国間協力や地域共同体形成など三人以上のプレイヤーによる協力が求められる状況では，利害対立のため全員が協力できず，一部のプレイヤーだけが集団を形成して協力することがある。この章では，集団形成と集団の意思

決定の基礎について説明しよう。最初に，次のような例を考える。

例 1　天然資源の共同開発

　三国が天然資源の共同開発のために協力する状況を考える。プレイヤーを
国 1，国 2 および国 3 とする。三国が協力して天然資源を共同開発すれば，
総利得 100 億円が得られる。国 1 と国 2 だけで共同開発すれば総利得 80 億
円，国 1 と国 3 だけで共同開発すれば総利得 40 億円，国 2 と国 3 だけで共
同開発すれば総利得 20 億円が得られる。各国が単独で開発すれば，利得は
0 である。三国の間で共同開発の国際交渉が行われるとき，どのようなグル
ープが形成され，どのような利得の分配が行われるだろうか？

　利得分配の交渉の帰結をパレート最適性と公平性の視点から考えてみる。
パレート最適性の基準は総利得の最大化である。パレート最適な利得分配で
は，三国で共同開発が行われ，総利得 100 億円の分配が行われる。

　公平性の視点は，利得分配に大きな影響を与えるが，公平性と集団形成
の関係は複雑である。例えば，三国による公平な利得分配として総利得 100
億円を均等に分配することが考えられるが，各国が 100/3 (= 33.3) 億円を
得る利得分配は合意されるだろうか？　分配による国 1 と国 2 の利得の和は
66.6 億円であるが，二国だけで共同開発するときの総利得 80 億円より少な
い。二国だけで共同開発して総利得 80 億円を均等に分配すれば，それぞれ
33.3 億円より多い 40 億円を得られる。したがって，国 1 と国 2 は，三国に
よる総利得の均等分配に合意するよりは二国だけで共同開発するインセンテ
ィブをもつ。

　三国の集合を $N = \{1, 2, 3\}$ とし，利得分配を $x = (x_1, x_2, x_3)$ とする。こ
こで，各変数 x_i $(i = 1, 2, 3)$ は国 i に分配される利得である。国の集合 N
の部分集合 S を**提携**（coalition）と呼ぶ[1]。N を全体提携という。提携 S の総
利得（あるいは総価値）を $v(S)$ とおく。利得分配 x での提携 S のすべてのプ
レイヤーの利得の和が提携の総利得 $v(S)$ 未満であるとき，提携 S は利得分
配 x を**ブロック**（block）する（または，x に不満をもつ）という。**ゲームのコ
ア**（core）とは，どんな提携もブロックしない全体提携 N の利得分配の集合

である。全体提携 N はパレート最適でない利得分配をブロックするから，ゲームのコアに属する利得分配はパレート最適である。

例 1 の三国による天然資源の共同開発の例では，均等分配 $x = (33.3, 33.3, 33.3)$ は国 1 と国 2 がブロックするからコアに含まれない。利得分配 $y = (40, 40, 20)$ はコアに含まれる。利得分配 y では，国 1 と国 2 が二国の提携の価値 80 を均等分配し，国 3 は全体提携の残りの利得 20 を得る。

一般に，三人ゲームにおいて提携 S の価値を $v(S) \geq 0$ とし，各プレイヤー $i = 1, 2, 3$ に対して一人提携の価値を 0 とする。また，提携の価値は三人提携が最も大きいとする。このとき，ゲームのコアは，次の条件を満たす利得分配 $x = (x_1, x_2, x_3)$ の集合である：

$$x_1 + x_2 + x_3 = v(\{1, 2, 3\})$$
$$x_1 + x_2 \qquad \geq v(\{1, 2\})$$
$$x_1 + \qquad x_3 \geq v(\{1, 3\})$$
$$x_2 + x_3 \geq v(\{2, 3\})$$
$$x_1, x_2, x_3 \geq 0.$$

二人提携に関する三つの不等式を辺辺加えると，

$$2(x_1 + x_2 + x_3) \geq v(\{1, 2\}) + v(\{1, 3\}) + v(\{2, 3\})$$

を得る。左辺は $2v(\{1, 2, 3\})$ と等しいから，ゲームのコアが存在するためには

$$2v(\{1, 2, 3\}) \geq v(\{1, 2\}) + v(\{1, 3\}) + v(\{2, 3\}) \tag{9.1}$$

が成り立たなければならない。逆に，上の不等式が成り立てば，ゲームのコアが存在する。

例 1 の三国の共同開発のゲームでは，$v(\{1, 2, 3\}) = 100$，$v(\{1, 2\}) = 80$，$v(\{1, 3\}) = 40$，$v(\{2, 3\}) = 20$ だから，上のコアの存在条件が満たされる。

次に，ゲームのコアを用いて，多国間協力の他の二つの例を考えよう。最

初の例は，有害な廃棄物が国境を越えて不法に投棄される国際環境問題である。

例 2 廃棄物の不法投棄

ある地域内で n カ国（$n \geq 3$）が廃棄物を投棄する状況を考える。各国内で 1 単位の廃棄物が発生する。廃棄物の効用は -1 である。最初に，地域内で廃棄物投棄を規制する国際条約はなく，各国は廃棄物を自由に国外に投棄できるとする。地域の n カ国の集合を N とし，N の提携を S とおく。また，S 内の国の数を s とおく。提携 S の価値（不効用）は，S の外の国から投棄される廃棄物の不効用である。もし $s < n$ ならば，$v(S) = -(n-s)$ である。全体提携 N の価値は $v(N) = -n$ である。

背理法により，ゲームのコアは存在しないことを示そう。ゲームのコアが存在すると仮定する。このとき，コアに含まれる利得分配 $x = (x_1, \cdots, x_n)$ に対して

$$x_1 + \cdots + x_n = -n \tag{9.2}$$

である。一方，提携 $\{1\}$ が利得分配 x をブロックしないためには

$$x_1 \geq v(\{1\}) = -(n-1) \tag{9.3}$$

が成り立たなければならない。同様に提携 $\{2, \cdots, n\}$ が利得分配 x をブロックしないためには

$$x_2 + \cdots + x_n \geq v(\{2, \cdots, n\}) = -(n - (n-1)) = -1 \tag{9.4}$$

が成り立たなければならない。(9.3) と (9.4) の不等式を辺辺加えると，

$$x_1 + \cdots + x_n \geq -n$$

を得る。式 (9.2) より，この不等式は等号で成立するから，式 (9.3) と式 (9.4) の不等式も等号で成立する。とくに，式 (9.3) より $x_1 = -(n-1)$ である。同じ議論がすべての $i = 2, \cdots, n$ に対して成り立つから，

$$x_1 + \cdots + x_n = -n(n-1)$$

となり，式 (9. 2) に矛盾する。したがって，ゲームのコアは存在しない。

廃棄物の不法投棄ゲームではゲームのコアがなく，どのような廃棄物の負担案についてもブロックする提携が存在する。このとき，地域内では他国に廃棄物を投棄する事態が次々と繰り返される。

もし地域内で廃棄物投棄を規制する国際条約が合意されれば，各国は国内で廃棄物を処理しなければならない。このとき，提携 S の価値は $v(S) = -s$ である。国際条約の下では，ゲームのコアにおける利得分配は $(-1, \cdots, -1)$ のみであり，各国は国内で廃棄物を処理する。廃棄物の不法投棄ゲームは，地域内で投棄を規制する国際条約がないため，各国は国外に廃棄物を投棄する事態が発生することを示す。

例 3　三国間の排出量取引

第 8 章第 2 節の二国間の温室効果ガスの排出量取引を再び考えよう。A 国と B 国が共同で排出量を削減すれば，総削減費用を 18 だけ節約できるので，A 国と B 国の提携の価値は 18 である。双方とも単独では削減費用を節約できないので，一国からなる提携の価値は 0 である。このとき，二国による節約費用の分配ゲームのコアは存在し，提携の価値 18 のすべての分配を含む。

次に，新しく C 国を考える。C 国は A 国と同じ排出量 100 トンと削減費用関数 $y = x^2$ をもつとする。A 国と B 国による提携と同じように，B 国と C 国による提携の価値は 18 である。A 国と C 国は同じ削減費用関数をもつため，共同で削減しても総費用を節約できず，A 国と C 国の提携の価値は 0 である。三国による提携の価値は，三国による排出量削減の共同実施が可能かどうかにより異なる。

最初に，三国による排出量削減の共同実施が可能でない場合を考える。この場合，A 国と C 国のどちらかだけが B 国の排出量の一部を削減できるので，三国による提携の価値は 18 である。三国による排出量取引をゲームの

コアを用いて考える。利得分配を $x = (x_A, x_B, x_C)$ とすると，

$$x_A + x_B + x_C = 18$$
$$x_A + x_B \geq 18$$
$$x_B + x_C \geq 18$$
$$x_A, x_B, x_C \geq 0$$

が成り立つ。コアはただ一つの分配 $x = (0, 18, 0)$ からなる。A 国と C 国が B 国との共同削減をめぐって競争する結果，B 国が節約費用の利益を独占できる。このように，市場メカニズムによる温室効果ガス削減の利得分配は必ずしも公平なものではない。

　次に，三国による排出量削減の共同実施が可能である場合を考える。国際条約による削減量は各国一律に 10% であるから，A 国と C 国の削減量はそれぞれ 10 トンであり，B 国の削減量は 5 トンである。三国の総削減量は 25 トンである。議論を簡単にするため，三国共同で排出量を削減するとき，A 国と C 国の削減量は等しく x トンとする。B 国の削減量は $25 - 2x$ トンである。このとき，三国の総削減費用は

$$2x^2 + (36 - 2x)^2 - 121 = 6x^2 - 144x + 1,175$$

である。これより，A 国と C 国が $x = 12$ トン削減し B 国が 1 トン削減するとき，総削減費用は 311 で最小となる。三国が単独で削減するときの総削減費用は 335（$= 100 + 135 + 100$）であるので，節約費用は 24 である。したがって，三国による提携の価値は 24 である。ゲームのコアは，

$$x_A + x_B + x_C = 24$$
$$x_A + x_B \geq 18$$
$$x_B + x_C \geq 18$$
$$x_A, x_B, x_C \geq 0$$

を満たす利得分配の集合である。

　ゲームのコアは無数の分配を含む。例えば，全体提携の価値 24 を B 国が独占する分配（0, 24, 0）や A 国と C 国が利得 6 を得る分配（6, 12, 6）はコアに含まれる。しかし，総価値 24 を三国が均等に分配する公平な利得分配（8, 8, 8）はコアに含まれない。なぜならば，A 国と B 国に分配される利得の和は 16 で二国提携 {A, B} の価値 18 未満であるので，二国提携 {A, B} が均等分配（8, 8, 8）をブロックするからである。同じ理由で，A 国と C 国による二国提携 {A, C} も均等分配（8, 8, 8）をブロックする。一般に，ゲームのコアが存在する場合，コアは無数の分配を含み，コアの中に含まれる利得分配をめぐってプレイヤーの間で利害対立がある。

2　グループ形成の交渉実験

　前節では，提携形成と利得分配をめぐる多人数交渉ゲームのコア理論を三つの例を用いて説明した。この節では，コア理論による予測が現実の行動とどのように整合的であるかを検証するために，多人数交渉ゲームの実験研究（Okada and Riedl［2005］）を紹介しよう。

例 4　三人対称協力ゲーム
　三人のプレイヤー（例えば国）が協力する状況を考える。三人による全体提携の価値は 1 であり，どんな二人提携も価値は v とする。ただし，$0 < v < 1$ である。一人提携の価値は 0 である。提携が形成されるとき，提携のメンバーは提携の価値を自由に分配できる。提携外のプレイヤーの利得は 0 である。どのような提携が形成され，提携の価値はどのように分配されるだろうか？
　全体提携の価値が最大であるので，全体提携がパレート最適な提携である。ゲームのコアでは，全員提携が形成される。ゲームのコアが存在する条件は式（9. 1）より，$2/3 \geq v$ である。二人提携の価値 v が 3 分の 2 以下であれば，ゲームのコアが存在する。このとき，全体提携の価値の均等分配

(1/3, 1/3, 1/3) はコアに含まれる。

　三人対称協力ゲームはプレイヤー間のグループ形成をめぐる利害対立を明瞭に記述し，多人数協力問題の基本モデルである。コア理論は（コアが存在する場合）パレート最適な三人グループの形成を予測し，利得分配に関しては（$v = 2/3$ の場合を除いて）無数の利得分配を予測する。ゲームのコアが大きな集合のとき，コア理論の予測は弱いものである。また，二人グループの価値が三人グループの価値とあまり変わらない場合，コアは存在せず，どのプレイヤーも一人を除外して二人グループを形成するインセンティブをもつ。コア理論の分析を精緻なものにするためには，どのように交渉が行われるか，交渉のルールを特定化する必要がある。

　交渉ルールとして，二人最後通告ゲーム（第2章第1節）を三人ゲームに拡張したルールを採用する。交渉ルールは，次のようである。最初に，一人のプレイヤーがランダムに提案者に選ばれる。次に，提案者は提携と提携価値の分配を提案する。最後に，提携の他のメンバーが提案を受諾するかどうかを決定する。三人提携が提案されるとき，提携の他の二人のプレイヤーは順次，提案を受け入れるかどうかを決定する。提携のメンバー全員が提案を受け入れるとき，利得分配が合意される。提携のメンバーは合意された利得を得る。提携外のプレイヤーの利得は 0 である。

　三人のプレイヤーが自分の利得のみに関心のある利己的な個人であれば，交渉ゲームは，二人提携の価値 v に関係なくただ一つの部分ゲーム完全均衡をもつ。均衡では，三人提携が形成され，提案者が三人提携の価値である利得 1 を得る。他のプレイヤーの利得は 0 である。

　　　理論予測：プレイヤーが合理的で利己的ならば，三人対称協力ゲームの
　　　　　最後通告ゲームでは三人提携が形成され，提案者が提携の価値を独占
　　　　　する。

　この理論予測を検証するために，2003 年にオランダのアムステルダム大学の学生を被験者として交渉ゲームの実験が実施された。実験では，三人提

携の価値は 3,000 ポイント，二人提携の価値は 2,800，2,500，2,100，1,200
ポイントの四通りとした。プレイヤーは 10 ポイントを最小単位とする利得
分配を提案した。

　交渉実験は 10 のセッションからなり，一つのセッションに 24 名の被験
者が参加した。実験全体に参加した被験者は 240 名である。五つのセッシ
ョンでは，24 名の被験者を 12 名ずつのグループに分け，グループ内で最
初に二人提携の価値が 2,800 である交渉ゲームを 8 回のラウンド，プレイ
した。次に，二人提携の価値が 1,200 である交渉ゲームを 8 回のラウンド，
プレイした。各ラウンドでは，（同じ三人の被験者の組み合わせを避けるように）
三人のプレイヤーがランダムに選ばれた。他の五つのセッションでは，最
初に二人提携の価値が 2,100 である交渉ゲームを 8 回プレイし，次に，二人
提携の価値が 2,500 である交渉ゲームを 8 回プレイした。各交渉ゲームで
は，プレイされた 8 回のラウンドから無作為に 2 回が選ばれ，選ばれた回
での利得の合計に応じた金額が支払われた。実験のポイントと金額の交換
比率は，250 ポイント ＝1 ユーロであった（実験当時，1 ユーロはほぼ 1 ドルで
あった）。被験者は，参加料 5 ユーロに加えて，最初のセッションでは平均
12.15 ユーロ，後半のセッションでは平均 11.75 ユーロを得た。

　交渉実験での二人提携が提案された頻度は，図 9-1 に示されている。図
9-1 から次のことがわかる。

　　結果 1（提携の提案頻度）：二人提携の価値が 2,800 ポイントと 2,500
　　　ポイントの場合，約 9 割の提案者は二人提携を提案した。二人提携
　　　の価値が 2,100 ポイントの場合，約 4 割の提案者は二人提携を提案し
　　　た。二人提携の価値が 1,200 ポイントの場合，ほとんどすべての提案
　　　者は三人提携を提案した。

　二人提携における分配提案に対する被験者の応答行動は，二人最後通告ゲ
ームの多くの実験と同じく，低い利得のオファーを拒否するという互恵主
義に基づくものであった。二人提携の価値が 2,800 ポイントの場合，37.5%

図 9-1　二人提携の提案頻度

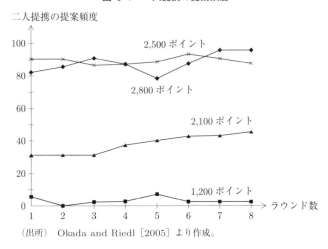

（出所）　Okada and Riedl［2005］より作成。

（1,050 ポイント）以上のオファーはほとんど確実に受け入れられた。二人提携の価値が 2,500 ポイントの場合，38%（950 ポイント）以上のオファーはすべて受け入れられた。二人提携の価値が 2,100 ポイントの場合，40.5%（850 ポイント）以上のオファーはすべて受け入れられた。

二人提携における拒否率とオファーの結果は，表 9-1 に示されている。

表 9-1　二人提携における分配交渉

二人提携の価値	2,800	2,500	2,100
二人提携の拒否率	18.2%	8.8%	9.8%
オファーの平均値	865 (30.9%)	818 (32.7%)	797 (38.0%)
オファーの中央値	800 (28.6%)	800 (32.0%)	800 (38.1%)

（出所）　Okada and Riedl［2005］より作成。

表 9-1 から次のことがわかる。

結果 2（二人提携）：二人提携の価値が 1,200 である場合を除いて，二人提携の拒否率は提携の価値によらず 2 割以下であり，提案者は 800

ポイントに近いオファーを選択した。

三人提携が提案されたとき，提携の価値の均等分配による1,000ポイント以上のオファーはほとんどすべて受け入れられた。三人提携における拒否率とオファーの結果は，表9-2に示されている。

表 9-2　三人提携における分配交渉

二人提携の価値	2,100	1,200
三人提携における拒否率	37.9%	24.8%
応答者1へのオファーの平均値	702 (23.4%)	748 (24.9%)
応答者1へのオファーの中央値	750 (25.0%)	750 (25.0%)
応答者2へのオファーの平均値	696 (23.2%)	740 (24.7%)
応答者2へのオファーの中央値	750 (25.0%)	750 (25.0%)

（出所）　Okada and Riedl［2005］より作成。

表9-2から次のことがわかる

結果 3（三人提携）：三人提携は二人提携の価値が2,100ポイントと1,200ポイントの場合に多く提案された。二人提携の価値が2,100ポイントの場合，三人提携における拒否率は比較的高く4割弱であった。二人提携の価値によらず，提案者は三人提携の価値の約25％を二人のプレイヤーにオファーした。

三人最後通告ゲームの実験データは，利己的なプレイヤーを前提とする理論予測を否定している。提案者の行動を説明する仮説として，次のものが考えられる。

仮説：提案者は応答者の互恵主義的な行動（低いオファーを高い頻度で拒

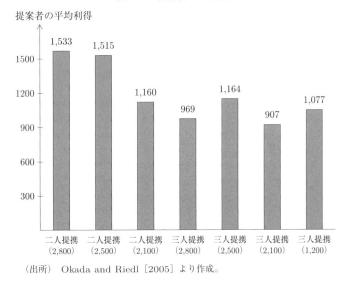

図 9-2　提案者の平均利得

（出所）　Okada and Riedl［2005］より作成。

否する）を合理的に推測し，期待利得を最大にする提案を選択した。

　図 9-2 は，二人提携の価値に応じて，プレイヤーが三人提携と二人提携
を提案したときの全ラウンドを通じた平均利得を示している。括弧の中の数
字は二人提携の価値を表す。例えば，二人提携の価値が 2,800 ポイントの場
合，二人提携を提案したときの平均利得は 1,533 であり，三人提携を提案し
たときの平均利得は 969 である。これより，二人提携を提案することが最
適であり，上の仮説は提携の提案頻度に関する実験データ（図 9-1）と整合
的である。同様に，二人提携の価値が 2,500 ポイントの場合も二人提携を提
案することが最適である。二人提携の価値が 2,100 ポイントの場合，2 人提
携を提案するときの平均利得は 1,160 であり，三人提携を提案するときの平
均利得は 907 である。平均利得の差は大きくなく，二人提携の提案頻度が
約 4 割であった実験データを示唆している。
　提携形成の三人最後通告ゲームの実験では，二人提携の価値が（三人提携
の価値より小さいが）比較的大きいとき，非効率な二人提携が高い頻度で形成

され，一人の被験者を提携から除外した。このような社会的に望ましくない結果は，応答者の互恵主義的な行動と平均利得を最大にする提案者の利己的な行動原理から「意図せざる結果」として生じた。二人最後通告ゲームの多くの実験では，互恵主義は効率的で公平な利得分配を導いたが，提携形成が可能な三人最後通告ゲームでは，互恵主義が非効率で不公平な利得分配を導いた。このように，二人協力問題と多人数協力問題では，互恵主義がもたらす利得分配の帰結は大きく異なる。

　三人交渉ゲームの実験では，二人提携の価値が大きいとき，二人提携が提案され，提携内では提案者は他のメンバーにも平均的に正の利得（提携の価値の約 30 %）をオファーした。一方，二人提携の価値が小さいとき，三人提携が提案され，提案者は他の二人のメンバーにも正の利得（提携の価値の約 25 %）をオファーした。このような被験者の行動はどのように理論化できるだろうか？ 次に，進化ゲームのモデルで三人交渉ゲームの行動を説明する研究（Nishimura et al.［2017］）を紹介しよう。

　三人のプレイヤーが等しい確率で選ばれる三人最後通告ゲームを考える。三人提携の価値を 1 とし，二人提携の価値を v（$0 < v < 1$）とする。プレイヤーの戦略は，提案者としての行動と応答者としての行動の両方を指定する。次のような三つの戦略を考える。

「利己的な」戦略 s_1：三人提携を提案し，提携の他のメンバーに利得 0 をオファーする。すべてのオファーを受け入れる。

「全員公平」戦略 s_2：三人提携と均等分配を提案する。提携の人数に関わらず，利得 1/3 以上のオファーを受け入れる。

「提携内公平」戦略 s_3：一人のパートナーをランダムに選び，相手に利得 $v/2$ をオファーする。提携の人数に関わらず，利得 $v/2$ 以上のオファーを受け入れる。

　三つの戦略のうち一つを採用する三人のプレイヤーがゲームをプレイするとき，期待利得は二人提携の価値 v の大きさに依存する。表 9-3 は 0 <

表 9-3 3戦略による三人最後通告ゲームの
利得表
($0 < v < 2/3$ の場合)

	s_1	s_2	s_3
s_1	1/3	1/9	$v/12$
s_2	1/9	2/9	1/9
s_3	$v/6$	$1/9 + v/12$	$v/4$

s_1

	s_1	s_2	s_3
s_1	1/9	2/9	$1/9 + v/12$
s_2	2/9	1/3	2/9
s_3	$1/9 + v/12$	2/9	$1/9 + v/6$

s_2

	s_1	s_2	s_3
s_1	$v/12$	$1/9 + v/12$	$v/6$
s_2	1/9	2/9	1/9
s_3	$v/4$	$1/9 + v/6$	$v/3$

s_3

表 9-4 3戦略による三人最後通告ゲ
ームの利得表
($2/3 < v < 1$ の場合)

	s_1	s_2	s_3
s_1	1/3	1/9	$v/12$
s_2	1/9	2/9	$v/12$
s_3	$v/6$	$v/6$	$v/4$

s_1

	s_1	s_2	s_3
s_1	1/9	2/9	$v/12$
s_2	2/9	1/3	$v/12$
s_3	$v/6$	$v/6$	$v/4$

s_2

	s_1	s_2	s_3
s_1	$v/12$	$v/12$	$v/6$
s_2	$v/12$	$v/12$	$v/6$
s_3	$v/4$	$v/4$	$v/3$

s_3

（出所） Nishimura et al.［2017］より作
成。

（出所） Nishimura et al.［2017］
より作成。

$v < 2/3$ の場合の行プレイヤーの期待利得を表し，表9-4 は $2/3 < v < 1$ の
場合の行プレイヤーの期待利得を表す。

　表 9-3 と表 9-4 の利得の計算は，次のようである。例えば，三人のプレ
イヤーが「利己的な」戦略 s_1 を採用するとする。各プレイヤーが提案者に
選ばれる確率は3分の1であり，提案者は三人提携を提案し，提携のメン
バーに利得0をオファーする。提携のメンバーはそれを受け入れるので，
提案者は利得1を得る。したがって，すべてのプレイヤーの期待利得は3
分の1であり，二人提携の価値 v の大きさに無関係である。

　他の戦略に対する利得は二人提携の価値 v に依存する。例えば，三人の
プレイヤーが「提携内公平」戦略 s_3 を採用するとき，各プレイヤーが二人

提携に参加する確率は $1/3 + 2/3 \times 1/2 = 2/3$ である。左辺の第一項は提案者に選ばれ二人提携を提案する確率を表し、第二項は応答者となり二人提携をオファーされる確率（提案者に確率2分の1でパートナーに選ばれることに注意）を表している。提携に参加すれば利得 $v/2$ を得るから、期待利得は $v/3$ である。行プレイヤーだけが「全員公平」戦略 s_2 を採用するとしよう。このとき、行プレイヤーは確率3分の1で提案者に選ばれ、他の二人のプレイヤーに利得3分の1を提案する。また、確率3分の1で他のプレイヤーから利得 $v/2$ のオファーを受ける。$0 < v < 2/3$ のとき、行プレイヤーの提案は受け入れられ、行プレイヤーは他のプレイヤーからのオファーを拒否する。したがって、行プレイヤーの期待利得は9分の1である。$2/3 < v$ のとき、行プレイヤーの提案は拒否され、行プレイヤーは他のプレイヤーからのオファーを受け入れる。したがって、行プレイヤーの期待利得は $v/6$ である。

　第4章第5節で説明した適応行動の位相図により、三つの戦略が進化的に安定かどうかを調べる。いま、プレイヤーの母集団があり、集団内では三つの戦略が分布している。集団から三人のプレイヤーがランダムに選ばれ、ゲームをプレイする状況を考える。プレイヤーの適応行動は、集団内の平均利得より大きい期待利得が得られる戦略の割合が増加するダイナミックス（リプリケータ動学と呼ばれる）に従うとする。図9-3は、戦略の進化の位相図を表している。左が二人提携の価値が $v = 1/6$ の場合の位相図、右が二人提携の価値が $v = 5/6$ の場合の位相図である。正三角形の中の1点は、集団内の戦略分布を表す[2]。三つの頂点は、戦略分布が一つの戦略に集中している状況に対応する。それぞれの頂点に近づくにつれて、対応する戦略の比率が増える。

　位相図から次のことがわかる。二人提携の価値が小さいとき、集団の戦略分布は、徐々に「利己的な」戦略 s_1 と「全員公平な」戦略 s_2 のいずれかに収束する（戦略 s_1 と s_2 は漸近的に安定であるという）。集団の戦略分布が「提携内公平」戦略 s_3 に収束することはない。一方、二人提携の価値が大きいとき、「利己的な」戦略 s_1 と「全員公平な」戦略 s_2 に加えて、「提携内公

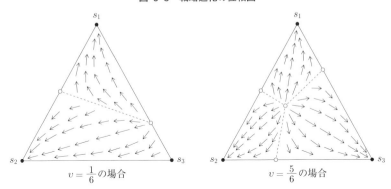

図 9-3 戦略進化の位相図

s_1

$v = \dfrac{1}{6}$ の場合

s_1

$v = \dfrac{5}{6}$ の場合

s_2　　　s_3　　　s_2　　　s_3

（出所）　Nishimura et al.［2017］により作成。

図 9-4 社会的生産関数

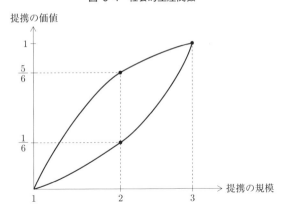

提携の価値

1

$\dfrac{5}{6}$

$\dfrac{1}{6}$

1　　　2　　　3　　　提携の規模

平」戦略 s_3 に収束する戦略分布の領域が出現し，「提携内公平」戦略 s_3 も
進化的に安定となる。

　二人提携の価値が比較的大きいとき，二人提携の形成が進化的に安定で
あることは，交渉実験の結果と整合的である。また，二人提携の価値の大き
さは，図9-4が示すように，提携の価値としての社会的生産関数の形状に
対応する。図9-4の横軸は，提携の規模（メンバー数）を示し，縦軸は提携
の価値を示す。二人提携の価値が小さいとき，社会的生産関数は下に凸で
あり，大きいときは上に凸である。交渉ゲームの実験データと戦略の位相図

は，社会が成熟し限界生産性（提携価値の増加率）が減少する状況（社会的生産関数が上に凸である）では，人々の行動の意図せざる結果として非効率で不公平な利得分配が生ずる可能性があることを示している。

3 ネットワーク形成

　前節の多国間協力の例では，三つ以上の国が協力して集団を形成する状況であった。2008 年の世界貿易機関（World Trade Organization：WTO）のドーハ・ラウンドでの交渉失敗のように，多国間協力で参加する国の数が多いとき，すべての参加国が賛成する国際条約の実現は困難なことが多い。そのため，経済協力の他の方法として，各国は，経済連携協定（Economic Partnership Agreement：EPA）や自由貿易協定（Free Trade Agreement：FTA）などの二国間協力を積極的に活用している（Furusawa and Konishi［2007］）。日本は，シンガポール，メキシコ，EU など 18 の国・地域と EPA と FTA を締結している（2019 年現在³⁾）。この節では，プレイヤーが二国間協力のネットワークを自発的に形成するゲームについて説明する（Jackson and Wolinsky［1996］）。

　いま，四つの国が二国間協定のネットワークを形成するとする。ネットワークの構造は多様である。特に，図 9-5（1）のようなすべての二国が協定を締結している構造を，**完全ネットワーク**という。これに対して，図 9-5（2）のように，すべての国がある一つの国とのみ協定を提携しているネットワークを**スター**という。スター・ネットワークで，すべての国と協定を締結する国を中心点という。

　各国にとって二国間協定の経済的価値を 1 とする。各国は経済協定から直接的な利得だけでなく，間接的な利得の恩恵も受けるとする。いま，A 国が B 国と協定を締結し，B 国が C 国と協定を締結するとき，A 国は B 国との協定を通じて B 国と C 国の協定から間接的な利益 r（$0 < r < 1$）を得るとする。C 国も同様に，A 国と B 国の協定から間接的な利得 r を得る。例えば，図 9-5（2）のスター構造において，中心点プレイヤーは利得 3 を

図 9-5　ネットワーク構造

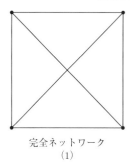

完全ネットワーク
(1)

スター
(2)

得る。他の国は，利得 $1 + 2r$ を得る。議論の単純化のため，二国以上の国の仲介による間接的な利得はゼロとする。また，二国が（直接的に）協定を締結するとき，それぞれコスト c を負担する。協定のコスト c は協定の直接的な利得 1 より小さいとする。この場合，どの国も協定を締結していないとき，二国間協定は双方の国にとって有利である。

　国際社会全体として，どのような二国間協定のネットワーク構造が最適であろうか？　ネットワーク構造の価値をネットワークから得られるすべてのプレイヤーの利得の和と定義する。最大の価値をもつネットワーク構造を効率的であるという。四カ国の場合で効率的なネットワーク構造を調べる。

　(1)　協定のコスト c が $1 - r$ 未満であるとき

　二国が新しく協定を締結すれば，各国とも協定によって利得 $1 - c$ を得る。協定前には他国からの間接的利得は高々 r であるので，これを考慮すると協定によって少なくとも $1 - c - r > 0$ の利得を得る。したがって，二国が新しく協定を締結すれば，ネットワークの価値は増えるので，効率的なネットワーク構造は完全ネットワークである。コスト c がかかってもすべての国どうしが協定を結ぶことで国際社会全体の総利得が最大になる。

　(2)　協定のコスト c が $1 - r$ より大きく 1 未満であるとき

　最初に，図 9-6 の四つのネットワーク構造 (1)，(2)，(3)，(4) を考える。(1) はスター・ネットワークであり，ネットワークの価値は $6(1 - c) + 6r = 6(1 - c + r)$ である。第 1 項は三つの協定による直接的利得の和であ

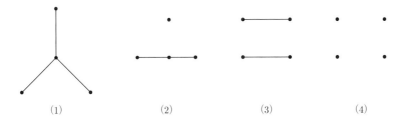

図 9-6 ネットワークの価値の比較

(1)　　　　　　　　(2)　　　　　　　(3)　　　　　　　(4)

り，第 2 項は三つの協定の間接的利得の和である。(2) のネットワークは
二つの協定による直接的利得の和が $4(1-c)$ であり間接的利得の和が $2r$ な
ので，ネットワークの価値は $4(1-c)+2r$ である。(3) のネットワークの
価値は $4(1-c)$。(4) ではどの国も協定を締結せず価値はゼロである。コス
ト c の条件 $c < 1$ より，スター・ネットワークの価値は他の三つのネットワ
ークの価値より大きい。

　次に，図 9-6 (2) のネットワークで間接的につながっている二国が協定
を締結するとする。このとき，各国の利得は $1-c-r<0$ だけ変化するの
で，ネットワークの価値は低下する。

　最後に，図 9-6 (1) のスター・ネットワーク以外で，四つのすべての国
が間接的につながっているネットワークを考える。ネットワークでの協定
の数を k，ただし $3 \leq k \leq 6$ とする。このとき，協定による直接的な利得
の和は $2k(1-c)$ である。間接的な利得の和はたかだか $2(6-k)r$ (6 は四
カ国から二カ国のペアができる総数) だから，ネットワークの価値はたかだか
$2k(1-c)+2(6-k)r$ である。したがって，スター・ネットワークの価値
$6(1-c+r)$ との差はたかだか $(2k-6)(1-c-r)$ である。$1-c-r<0$
より，$k=3$ 以外はネットワークの価値はスター・ネットワークの価値より
低い。$k=3$ のとき，ネットワークは四カ国が三つの協定で直線的につなが
る。三つの協定の直接的利得の和は $6(1-c)$ であり，間接的利得の和は $4r$
(四カ国がそれぞれ利得 r を得る) だから，ネットワークの価値は $6(1-c)+4r$
であり，スター・ネットワークの価値より低い。以上より，スター・ネット
ワークがただ一つの効率的なネットワークである。

効率的なネットワーク構造は，協定のコストの大きさによって完全ネットワークかスター・ネットワークである。協定のコストが小さい場合，各国は他のすべての国と二国間協定を締結する方が間接的利得を得るより有利であるので，効率的なネットワークは完全ネットワークである。協定のコストが大きい場合，スター・ネットワークが最も少ない協定数ですべての国が中心国を通じて他のすべての国とつながるので間接的利得を大きくし，効率的なネットワークである。

二国間協定の効率的なネットワークが，国家間の交渉によって自発的に形成されるかどうかを調べよう。二国間協定の形成ルールとして，協定によって二国双方がともに有利になるときにだけ協定は締結されるとする。また，協定の停止は，一国だけで可能とする。このルールの下で，ネットワーク構造が**ペア安定**であるとは，次の二条件が成立するときをいう。(1) どの国も協定を停止することで有利にならない。(2) どの二国も新たに協定を締結することでともに有利にならない（一国は協定に関して無差別でもよい）。

四カ国の例で，ペア安定なネットワーク構造を調べる。

(1)　協定のコスト c が $1-r$ 未満であるとき

すでに示したように，協定を締結していない二国は協定を締結することで利得が上がるので，完全ネットワークのみがペア安定である。

(2)　協定のコスト c が $1-r$ より大きく 1 未満であるとき

スター・ネットワークはペア安定であることを示そう。$c < 1$ より，どの国も協定を停止すれば，利得は下がる。中心点でないどの二国も協定を締結すれば，利得は $1-c-r < 0$ だけ変化するから，協定を締結するインセンティブがない。したがって，スター・ネットワークはペア安定である。

以上の分析より，協定のコストが小さい（$c < 1-r$）とき，完全ネットワークは効率的でペア安定である。協定のコストが中間的な大きさ（$1-r < c < 1$）のとき，スター・ネットワークは効率的でペア安定である。協定のコストが大きい（$1 < c$）とき，スター・ネットワークはペア安定ではない。中心点の国は，協定を停止するインセンティブをもつ。

4 マッチング

国際開発協力では，途上国のさまざまなプロジェクトに対して，先進国の政府や民間企業が資金を投資し援助する。開発プロジェクトが成功するためには，援助される側と援助する側の希望が適切にマッチすることが必要である。途上国の希望にマッチしないプロジェクトの実施は途上国の発展に貢献しない。また，援助する側の希望にマッチしないプロジェクトへの資金援助は，国際開発に対する援助国のインセンティブを阻害し，持続可能ではない。国際災害協力の分野で災害が起きたとき，本当に必要とする援助物資が被害国，被害地域に届かない問題や，民間ボランティア活動が被害地のニーズに合わないなどは，援助のミスマッチングが原因である。この節では，最適なマッチングを設計し分析するための**マッチング理論**の基礎を説明しよう。

途上国の三つのプロジェクト p_1, p_2, p_3 とプロジェクトに資金を援助する援助国 h_1, h_2 を考える。プロジェクトは，どの援助国から援助を受けるかについて選好をもつ。プロジェクトの選好順序は，

$$p_1 : \ h_1, \ h_2, \ p_1 \qquad p_2 : \ h_1, \ h_2, \ p_2 \qquad p_3 : \ h_2, \ h_1, \ p_3$$

とする。プロジェクト p_1 と p_2 は援助国 h_1 からの援助を最も好み，プロジェクト p_3 は援助国 h_2 からの援助を最も好む。選好順序のうち各プロジェクト自身の記号は，援助国からの援助を受けないことを意味する。どのプロジェクトも援助国からの援助がないことを最も低く評価する。

同様に，援助国 h_1 と h_2 の選好順序は次のものとする。

$$h_1 : \ p_1, \ p_2, \ p_3, \ h_1 \qquad h_2 : \ p_1, \ p_3, \ p_2, \ h_2$$

援助国 h_1 と h_2 ともプロジェクト p_1 への援助を最も好む。選好順序のうち各援助国自身の記号は，プロジェクトに援助しないことを意味する。どの援助国もプロジェクトに援助しないことを最も低く評価する。

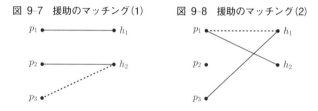

図 9-7　援助のマッチング(1)　　図 9-8　援助のマッチング(2)

　マッチング（matching）とは，プロジェクトと援助国のペアの作り方である。例えば，図 9-7 ではペアを作るプロジェクトと援助国は実線で結ばれていて，一つのマッチングを示している。プロジェクト p_1 は援助国 h_1 から援助を受け，プロジェクト p_2 は援助国 h_2 から援助を受ける。

　図 9-7 のマッチングでそれぞれのプレイヤーの好みを調べよう。プロジェクト p_1 と援助国 h_1 は互いに最も好むパートナーとマッチする。しかし，援助国 h_2 は三番目に好むプロジェクト p_2 とマッチし，プロジェクト p_2 よりプロジェクト p_3 を好む。また，プロジェクト p_3 はどの援助国からも援助を受けないよりは援助国 h_2 から援助を受ける方が望ましい。プロジェクト p_3 と援助国 h_2 は，新たに援助の協定を締結することで，図 9-7 のマッチングの状態より双方とも望ましい状態となる。このとき，プロジェクト p_3 と援助国 h_2 のペア (p_3, h_2) は，図 9-7 のマッチングを**ブロック**（block）するという。図 9-7 では，ブロックするペアを点線で示している。

　図 9-7 では，マッチングで援助を受けないプロジェクト p_3 が新たに援助国 h_2 とペアを組むことによりマッチングをブロックしたが，図 9-8 のように，他のパートナーとペアを組んでいるプロジェクトと援助国が新しくペアを作ることでマッチングをブロックすることもある。図 9-8 では，プロジェクト p_1 と援助国 h_1 は互いに最も好むパートナーであるので，ペア (p_1, h_1) はマッチングをブロックする。

　また，マッチングでプロジェクトが援助国から援助を受けているが，援助を受けない方が望ましいとき，プロジェクトは（単独で）マッチングをブロックするという。同様に，援助国がプロジェクトを援助しているが，援助しない方が望ましいとき，援助国は（単独で）マッチングをブロックするという。

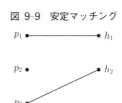

図 9-9　安定マッチング

どのようなプレイヤーにも単独でブロックされず，さらに，どのようなペアにもブロックされないマッチングを**安定マッチング**（stable matching）という。

図 9-9 のマッチングを考える。プロジェクト p_1 と援助国 h_1 は互いに最も好むパートナーとペアを作っているので，p_1 と h_1 がブロックするペアに参加することはない。援助国 h_2 は，残りのプロジェクトのうちで最も好むプロジェクト p_3 とペアを作るので，ブロックするペアに参加することはない。したがって，図 9-9 のマッチングは安定である。また，ただ一つの安定マッチングである。

上の例では，安定マッチングはただ一つであったが，一般に安定マッチングは複数存在することを以下の例で示す。

例 5　安定マッチング

プロジェクトの集合を $P = \{p_1, p_2, p_3\}$ とし，援助国の集合を $H = \{h_1, h_2, h_3\}$ とする。プロジェクトと援助国は，それぞれ次のような選好順序

$$p_1 : h_1, h_2, h_3, p_1 \qquad p_2 : h_1, h_2, h_3, p_2 \qquad p_3 : h_3, h_1, h_2, p_3$$

$$h_1 : p_1, p_2, p_3, h_1 \qquad h_2 : p_3, p_1, p_2, h_2 \qquad h_3 : p_2, p_1, p_3, h_3$$

をもつとする。

図 9-10 の二つのマッチング(1) と (2) を考える。

マッチング(1) では，プロジェクト p_1 と援助国 h_1 は互いに最も好むパートナーとマッチしている。プロジェクト p_3 は最も好むパートナーとマッチしている。したがって，p_1, p_3 と h_1 がブロックするペアに参加することはない。p_2 は h_1 以外で最も望ましい h_2 とマッチしているので，ブロック

4　マッチング　145

図 9-10　二つの安定マッチング

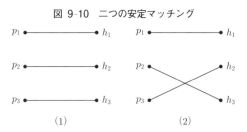

(1)　　　　　　　　　　(2)

するペアに参加することはない。援助国はプロジェクトに援助することを好むので，単独でマッチング(1) をブロックすることはない。以上の議論より，マッチング(1) は安定マッチングである。

　マッチング(2) では，援助国はそれぞれ最も好むプロジェクトとマッチしているので，ブロックするペアに参加することはない。どのプロジェクトも援助を受けることが望ましいので，単独でマッチングをブロックすることはない。したがって，マッチング(2) も安定マッチングである。

　一般的なマッチング問題で安定マッチングを計算するアルゴリズムを紹介する（Gale and Shapley［1962］）。途上国のプロジェクトと援助国のマッチングの例で説明するが，アルゴリズムは，男性と女性の結婚問題，企業と労働者の間の雇用問題など他の事例にも適用できる。

　プロジェクトの集合を $P = \{p_1, \cdots, p_m\}$ とし，援助国の集合を $H = \{h_1, \cdots, h_n\}$ とする。アルゴリズムで基本となるのは，次の事実である。もしすべてのプロジェクトが最も好む援助国とマッチし，プロジェクトとマッチしているすべての援助国が援助しないよりも援助することを望むならば，マッチングは安定マッチングである。なぜならば，すべてのプロジェクトはブロックするペアには含まれないし，さらに，すべての援助国が単独でブロックすることもないからである。もし複数のプロジェクトが同じ援助国を最も好む場合は，援助国がプロジェクトを選択するようにする。以上のことは，途上国のプロジェクトと援助国の立場を変えても成り立つ。

　プロジェクト p_i $(i = 1, \cdots, m)$ が援助国 h_j $(j = 1, \cdots, n)$ から援助を受けることを援助を受けないよりも好むか同等であるとき，プロジェクト p_i

にとって援助国 h_j は受容可能（acceptable）であるという。同様に，援助国 h_j がプロジェクト p_i を援助することを援助しないよりも好むか同等であるとき，援助国 h_j にとってプロジェクト p_i は受容可能であるという。すべてのプロジェクトと援助国が単独もしくは受容可能なパートナーとペアを作るマッチングは，プロジェクトや援助国によって単独ではブロックされない。

安定マッチングは，次の手続きによるアルゴリズムで計算できる。

ステップ1：すべてのプロジェクトは，受容可能な援助国の中で最も好む援助国に援助をプロポーズ（または要請）する。

ステップ2：すべての援助国は，プロポーズのあった受容可能なプロジェクトの中で最も好むプロジェクトを「一時的に」受け入れる。

ステップ3：プロポーズを断られたプロジェクトは，残りの受容可能な援助国の中で最も好む援助国に援助をプロポーズする。

ステップ4：すべての援助国は，プロポーズのあった受容可能なプロジェクトと「一時的に」受け入れているプロジェクトのうちで最も好むプロジェクトを「一時的に」受け入れる。

ステップ5：以後，ステップ3とステップ4を繰り返す，ただし，プロジェクトは同じ援助国に二回以上，プロポーズできない。

ステップ6：どのプロポーズも受け入れられた時点で手続きは終了する。

このアルゴリズムは，**受入保留アルゴリズム**（Deferred Acceptance Algorithm, 略して DA アルゴリズム）と呼ばれている。とくに，プロジェクトが援助をプロポーズするので，プロジェクト側プロポーズ方式という。上の手続きでプロジェクトと援助国の立場を変えれば，援助国プロポーズ方式の DA アルゴリズムが定義できる。どちらの DA アルゴリズムでも安定マッチングが計算できることが知られている。

先ほどの例5を用いて，DA アルゴリズムの使い方を説明する。図9-11 は，プロジェクト側プロポーズ方式によるアルゴリズムの各ステップを示している。

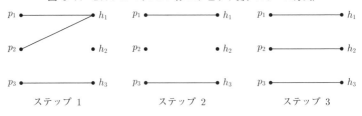

図 9-11　DA アルゴリズム（プロジェクト側プロポーズ方式）

p₁ — h₁　　　p₁ • • h₁　　　p₁ — h₁

p₂ • h₂　　　p₂ • • h₂　　　p₂ — h₂

p₃ — h₃　　　p₃ — h₃　　　p₃ — h₃

ステップ 1　　　ステップ 2　　　ステップ 3

　最初のステップでプロジェクト p_1 と p_2 は，ともに援助国 h_1 にプロポーズする。プロジェクト p_3 は援助国 h_3 にプロポーズする。ステップ 2 で，援助国 h_1 はプロジェクト p_1 からのプロポーズを「一時的に」受け入れる。援助国 h_3 はプロジェクト p_3 のプロポーズを「一時的に」受け入れる。ステップ 3 で，プロジェクト p_2 は，援助国 h_2 にプロポーズする。ステップ 4 で，援助国 h_2 はプロジェクト p_2 のプロポーズを受け入れて，アルゴリズムが終了する。図 9-10（1）の安定マッチングが得られる。

　援助国側プロポーズ方式では，ステップ 1 で，援助国 h_1, h_2 と h_3 はそれぞれプロジェクト p_1, p_3 と p_2 にプロポーズする。ステップ 2 で，すべてのプロジェクトは援助国のプロポーズを受け入れて，アルゴリズムは終了する。図 9-10（2）の安定マッチングが得られる。

　プロジェクト側プロポーズ方式で計算できる安定マッチング(1) と援助国側プロポーズ方式で計算できる安定マッチング(2) を比較すると，すべてのプロジェクトは（1）のパートナーを（2）のパートナーより好むか，同等である（同じパートナーとマッチする）。逆に，すべての援助国は（2）のパートナーを（1）のパートナーより好むか，同等である（同じパートナーとマッチする）。

　一般に，安定マッチングがプロジェクト最適であるとは，すべてのプロジェクトがパートナー（自分自身を含む）を他のすべての安定マッチングのパートナーより好むか同等であるときをいう。同様に，安定マッチング m が援助国最適であるとは，すべての援助国がパートナーを他のすべての安定マッチングのパートナーより好むか同等であるときをいう。プレイヤーの選好順序が同等関係を含まないとき，プロジェクト側プロポーズ方式で計算できる

安定マッチングはプロジェクト最適な安定マッチングであり，援助国側プロ
ポーズ方式で計算できる安定マッチングは援助国最適な安定マッチングであ
ることが知られている。

　DA アルゴリズムは，プロジェクトが二つ以上の援助国からの支援を受け
入れる多対 1 マッチングの安定マッチングにも適用できる。

例 6　多対 1 マッチング

　プロジェクトの集合を $P = \{p_1, p_2\}$ とし，援助国の集合を $H = \{h_1, h_2, h_3\}$ とする。プロジェクト p_1 は二国までの援助国からの援助を受け入れ可能とする。プロジェクト p_2 は一国からの援助のみ受け入れ可能とする。プレイヤーの選好順序は，

$$p_1 : h_1, h_3, h_2 \qquad p_2 : h_1, h_2, h_3$$
$$h_1 : p_1, p_2 \qquad h_2 : p_1, p_2 \qquad h_3 : p_1, p_2$$

をもつとする。プロジェクトと援助国は単独で行動することを好まないとする。また，プロジェクト p_1 は複数の国から援助を受けるため援助国の集合も評価するが，集合の評価は上の選好順序と矛盾しないとする。例えば，プロジェクト p_1 は集合 $\{h_1, h_3\}$ を集合 $\{h_1, h_2\}$ より好む。

　図 9-12 の多対 1 マッチングを考える。プロジェクト p_1 は援助国 h_1 と h_2 とマッチし，プロジェクト p_2 は援助国 h_3 とマッチする。しかし，プロジェクト p_1 は援助国 h_2 より援助国 h_3 を好み，援助国 h_3 はプロジェクト p_1 をプロジェクト p_2 より好む。したがって，プロジェクト p_1 は援助国 h_2 とのマッチングを解消し，図 9-13 のように新しく援助国 h_3 とマッチすれば，

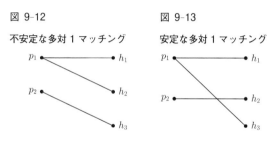

図 9-12

不安定な多対 1 マッチング

図 9-13

安定な多対 1 マッチング

プロジェクト p_1 と援助国 h_3 の双方にとって有利である。したがって，図9-12 の多対 1 マッチングは安定でない。図 9-13 では，プロジェクト p_2 と援助国 h_2 が新しくマッチする。プロジェクト p_1 は選好順序の一番目と二番目の援助国とマッチするので，図 9-13 のマッチングは安定である。

プロジェクト側プロポーズ方式の DA アルゴリズムを適用すると，ステップ 1 でプロジェクト p_1 は h_1 と h_3 にプロポーズし，プロジェクト p_2 は h_1 にプロポーズする。ステップ 2 で，h_1 はプロポーズを受けた p_1 と p_2 のうちで p_1 を「一時的に」受け入れる。ステップ 3 で，p_2 は h_2 にプロポーズする。ステップ 3 で，h_2 は p_2 を受け入れてアルゴリズムは終了する。アルゴリズムによって，図 9-13 のマッチングが得られる。援助国側プロポーズ方式でも図 9-13 のマッチングが得られることがわかる。

5 投 票 理 論

国際機関などの組織では，さまざまな意思決定がなされる。集団の構成員による**投票**（voting）は，集団的意思決定の代表的な方法である。例えば，国連の総会では，各構成国が一個の投票権をもち，国際社会の平和及び安全の維持に関する勧告などの重要事項の決定は，出席国の 3 分の 2 以上の多数決によってなされる。**投票ルール**には，多数決ルール以外にもさまざまなものがあり，投票ルールは投票結果を大きく左右する。民主的な投票ルールとはどのようなものだろうか。この節では，投票理論の基礎概念について説明する。

投票者は実現可能な選択肢に関して選好順序をもつ。例えば，自由貿易協定に参加する三カ国 1，2，3 が三つの関税案 a, b, c について投票する例を考える。各国の選好順序は，国 1 が a, b, c，国 2 が a, c, b，国 3 が b, a, c の順とする。最初の選択肢が最も好まれる。各国は，それぞれ一票を関税案に投票するものとする。

最多数投票ルール（plurality voting rule）とは，次のようなルールである。

最多数投票ルール：最も票数の多い選択肢が選ばれる。

三国が最も望ましい関税案に投票するならば，最多数投票ルールの下では関税案 a が選ばれる。

最多数投票ルールは，日常社会で頻繁に採用される投票ルールであるが，次の例が示す欠点をもつ。[4)]

例 7　最多数投票ルールとコンドルセ勝者

21 人の投票者と四つの選択肢 a, b, c, d を考える。選好順序は，

3 人： a, b, c, d　　　5 人： a, c, b, d
7 人： b, d, c, a　　　6 人： c, b, d, a

である。投票者が最も好む選択肢に投票するとき，a が 8 票，b が 7 票，c が 6 票，d が 0 票を得るので，最多数投票ルールの勝者は選択肢 a である。しかし，過半数の 13 人にとって a は最悪であるので，最多数投票ルールは多数の意見を反映しているとはいえない。これに対して，選択肢 c は過半数の投票者が他のどの選択肢よりも好ましいと思う選択肢である。13 人は c を a より好む。11 人は c を b より好む。14 人は c を d より好む。選択肢 c のように，過半数の投票者が他のどの選択肢よりも好む選択肢を，**コンドルセ勝者**（Condorcet winner）という。N. de コンドルセは，18 世紀のフランスの数学者，社会科学者である。

コンドルセと同時代のフランスの学者である J.-C. de ボルダは，コンドルセ勝者とは異なる選択肢を提案した。例 7 では，7 人が b を一番，9 人が b を二番と評価する。これに対して，6 人が c を一番，5 人が c を二番と評価する。上位二番目までに評価する人数は，b の方がコンドルセ勝者 c より多い。ボルダは選好順序のランキング全体を考慮すべきであると主張した。具体的には，一番を 3 点，二番を 2 点，三番を 1 点，四番を 0 点とし，総得点の最も大きい選択肢を選ぶ。これによると，b の総得点は 44，c の総得点は 38，a の総得点は 24，d の総得点は 20 であるので，選択肢 b が選ば

れる。選択肢 b を**ボルダ勝者**（Borda winner）という。最多数投票ルールは，最上位の選択肢を 1 点とし，他の選択肢を 0 点とする総得点方式である。

ボルダ勝者は必ず存在するが，次の例が示すように，コンドルセ勝者は存在しないことがある。

例 8 投票のパラドックス

三人の投票者 1, 2, 3 と三つの選択肢 a, b, c を考える。投票者の選好順序は，

$$1 : a, b, c \qquad 2 : b, c, a \qquad 3 : c, a, b$$

である。1 と 2 は b を c より好み，1 と 3 は a を b より好み，2 と 3 は c を a より好むので，コンドルセ勝者は存在しない。この例を**投票のパラドックス**という。投票のパラドックスは，多数決ルールではものごとが決まらないことがあることを示している。

最多数投票ルールや多数決ルールでは，各投票者は等しく一票をもち，投票結果に与える影響は同じであるが，投票者を平等に扱わない投票ルールもある。

例 9 国連安全保障理事会の決定ルール

国連の安全保障理事会は 5 カ国の常任理事国（米国，中国，イギリス，フランス，ロシア）と 10 カ国の非常任理事国（2 年の任期）から構成される。各理事国は 1 票の投票権をもつ。手続き事項に関する決定は 15 理事国のうち少なくとも 9 理事国の賛成を必要とする。他のすべての事項に関する決定には，5 常任理事国の同意投票を含む 9 理事国の賛成が必要である。常任理事国が一国でも反対すれば決定は否決され，常任理事国は「拒否権」をもつ。[5]

投票で勝利できる投票者のグループを**勝利提携**（winning coalition）という。単純多数決ルールでは，過半数のグループが勝利提携である。投票ルールは，勝利提携のクラス W を定める。標準的な投票ルールは，三つの性質

をもつ。すなわち，(1)全員提携は勝利提携である，(2)勝利提携 S を含むどんな提携 T も勝利提携である，(3)勝利提携 S に対して，S 以外の投票者の集合 $(N - S)$ は勝利提携ではない。

独裁者（dictator）とは，単独でも勝利できる投票者のことである。**拒否権プレイヤー**（veto player）とは，いかなる勝利提携にも含まれるプレイヤーのことである。拒否権プレイヤーが参加しない提携は，投票に勝利できない。国連安全保障理事会の常任理事国は，拒否権プレイヤーである。

選択肢 a が選択肢 b を支配するとは，ある勝利提携 S の全員が a を b より好むときをいう。他のどの選択肢にも支配されない選択肢の集合を，**投票ゲームのコア**という。コンドルセ勝者は，単純多数決ルールの下で他のすべての選択肢を支配する選択肢である。コンドルセ勝者は，単純多数決ゲームのコアに含まれる。投票のパラドックスが示すように，投票ゲームのコアは存在しないことがある。拒否権プレイヤーをもつ投票ルールにはコアが存在する。拒否権プレイヤーの最も好む選択肢はコアに含まれる。

選択肢の数が多い場合，一回の投票で決めるのではなく，投票によって順次，選択肢を除去しながら一つの選択肢を選ぶ方法が用いられることがある。次の例が示すように，コンドルセ勝者が存在しない場合でも，二つの選択肢の一つを多数決投票で繰り返し除去することで，最終的に一つの選択肢を選ぶことができる。

例 10　逐次投票ゲーム

五人の投票者と四つの選択肢 a, b, c, d を考える。投票者の選好順序は

1人：d, b, a, c 　　2人：a, b, c, d

1人：d, c, a, b 　　1人：b, c, d, a

とする。単純多数決の下での支配関係を $>$ で表すと，$a > b > c > d > a$，$a > c, b > d$ が成り立ち，コンドルセ勝者は存在しない。ゲームのコアも存在しない。逐次的にペア投票を行う状況を考えよう。図9-14 (1) のツリーでは，最初に，選択肢 a と b で多数決投票を行い，次に，その勝者と選

図 9-14 逐 次 投 票

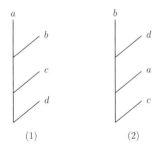

(1)　　　　　　(2)

択肢 c で多数決投票を行い，最後に，その勝者と選択肢 d で多数決投票を
行う。上の支配関係から，最初の投票では a が勝利し，二回目の投票でも a
が勝利し，最後の投票では d が勝利する。図 9-14（2）のツリーでは，最初
の投票で b が勝利し，二回目の投票では a が勝利し，最後の投票でも a が
勝利する。逐次投票により一つの選択肢を選べるが，投票の順序が結果を左
右する。

　最後に，一般的な視点から「民主的な」投票ルールにとっての望ましい性
質を考える。投票ルールは，社会のすべての構成員の個人的な選好順序を社
会的順序に集計する規則とみなせる。例えば，単純多数決ルールは，多数決
投票によって選択肢の間の社会的順序を定め，次の三つの性質を満たす。

　　1　パレート最適性：全員が選択肢 a を選択肢 b より好むならば，社会
　　　的順序は a を b より望ましいとする。

　　2　無関係な選択肢からの独立性：社会の構成員の選好順序の二つの組
　　　 u と v で選択肢 a を選択肢 b より好む人の集合が同じならば，選択肢
　　　 a と選択肢 b の間の社会的順序は u と v とで同じである。

　　3　非独裁性：独裁者は存在しない。

「無関係な選択肢からの独立性」の性質は他の二つの性質と比べると，理
解するのが少し難しいかもしれない。例えば，単純多数決ルールでは，二つ
の選択肢 a と b の間の社会的順序は，a と b に関するすべての投票者の個人
的な選好順序のみによって決まり，投票者が a と b 以外の選択肢 c（無関係
な選択肢）に関してもつ個人的な選好順序には依存しない。「無関係な選択肢

からの独立性」の性質は，これを単純多数決ルールだけでなく一般の投票ルールにも適用するものである。ボルダ勝者を選ぶ総得点方式は，この性質をもたない。

　投票のパラドックスの例が示すように，単純多数決ルールは社会的順序として推移性を満たさない。アローはこの命題を一般化し，選択肢の数が三つ以上のとき，推移性と上の三つの性質を満たす投票ルールは存在しないことを証明した。これを，**アローの不可能性定理**という。社会的順序の推移性は，投票ルールが一つの選択肢を選択するために必要である。パレート最適性と非独裁性は民主的な投票ルールとして自然なものである。アローの不可能性定理は，パレート最適性，非独裁性と推移性の三つの性質を優先するならば，投票ルールの性質として「無関係な選択肢からの独立性」を弱める必要があることを示している。

　また，投票ルールは，社会の構成員が表明した選好順序から一つの選択肢を選択する社会的決定ルールとみなすことができる。利己的な個人は，社会的決定を有利にしようと選好順序を偽って表明する可能性がある。これを，**選好順序の戦略的操作**という。次の例で戦略的操作の可能性を示す。

例 11　選好順序の戦略的操作
　七人の投票者と四つの選択肢を考える。投票者の選好順序は

　　　　2人：a, d, b, c　　　　3人：c, b, d, a
　　　　2人：b, d, a, c

とする。投票ルールとして最多数投票ルールを採用する。ただし，同数であれば，アルファベット順序で前の選択肢が選ばれるとする。七人の投票者が最も好む選択肢に投票すれば，選択肢 c が選ばれる。もし選択肢 b を最も好む二人の投票者のうち一人が偽って選択肢 a を最も好むと表明すれば，a と c が同数の票を得るため選択肢 a が選ばれる。したがって，選択肢 b を最も好む投票者は偽りの選好順序を表明するインセンティブをもつ。

　選択肢の数が三つ以上のとき，パレート最適性を満たすどんな非独裁的な

社会的決定ルールにも選好順序の戦略的操作の可能性があることが知られている。これを，**ギバート・サタスウェイト**（Gibbard-Satterthwaite）**の定理**という。

　アローの定理とギバート・サタスウェイトの定理は，民主的な投票ルールを設計することの困難さを示している。しかし，これを民主主義の欠陥ととらえる必要はない。社会の構成員の選好が異なっているとき，全員にとって最善な結果を実現することはできない。自由で民主的な社会では，自己の意見の表明とともに，話し合い，交渉，譲歩，合意，少数意見の尊重，他者への思いやりを通じて「より望ましい」社会的決定を実現することが大切である。自由と平等，権利と義務を社会でどのように調整し実現するか，社会の構成員自らが考え合意する必要がある。

　　　ま　と　め

(1)　ゲームのコアとは，パレート最適でどんな提携もブロックしない利得分配の集合である。
(2)　ゲームのコアはネットワーク形成やマッチングの安定性にも応用できる。
(3)　多数決ルールの下でどの選択対象にも勝利できる選択対象をコンドルセ勝者という。

　　　練　習　問　題

①　例1の三カ国による天然資源の共同開発において，ゲームのコアを求めなさい。
②　オリンピックの開催都市を決める投票ルールについて調べなさい。

注 ―――――――――――――――――――――――――――――――――――

1) 空集合は提携から除外する。

2) 図 9-3 の正三角形の高さを 1 とし，正三角形の各点から三つの辺に下した垂線の長さを x_1, x_2, x_3 とする。ただし，x_1 は辺 $s_2 s_3$ への垂線の長さ，x_2 は辺 $s_3 s_1$ への垂線の長さ，x_3 は辺 $s_1 s_2$ への垂線の長さである。このとき，正三角形の性質から，つねに $x_1 + x_2 + x_3 = 1$ が成り立つことが知られている。この性質を利用して，x_1 は戦略 s_1 の集団内での頻度，x_2 は戦略 s_2 の集団内での頻度，x_3 は戦略 s_3 の集団内での頻度を表すとする。図 9-3 は，三つの戦略の集団内での分布の動きを描いている。

3) EPA・FTA のデータは，外務省 HP を参照している。
https://www.mofa.go.jp/mofaj/gaiko/fta/最終アクセス日 2020 年 2 月 5 日。

4) 例 7，例 10 と例 11 は Moulin［1988］から引用している。

5) 国連安全保障理事会の決定ルールは，国連広報センターの HP を参照している。
https://www.unic.or.jp/info/un/charter/text_japanese/最終アクセス日 2020 年 2 月 5 日。

民主主義への二つの喝采

『インドへの道』などの小説で知られるイギリスの小説家 E. M. フォースターは「私の信条（What I Believe）」という題のエッセーの中で，政治的な主義を嫌うが民主主義を支持すると述べている。

So two cheers for Democracy:

one because it admits variety

and two because it permits criticism.

Two cheers are quite enough:

there is no occasion to give three.

Only Love the Beloved Republic deserves that.

　　民主主義への二つの喝采：

　　一つは多様性を受け入れるため

　　もう一つは批判を許すため

　　二つの喝采で十分である

　　三つは必要ない

　　ただ愛，愛しい共和国だけがそれに値する　　　　　　(訳は引用者)

(出所)　E. M. Forster (ed. by Oliver Stallybrass) [1951] *Two Cheers for Democracy*, Edward Arnold.（小野寺健他訳『民主主義に万歳二唱』みすず書房，1994年。小野寺健編訳『フォースター評論集』岩波文庫，1996年，所収）

第10章

自由貿易交渉

自由化を進めるためには？

イントロダクション――

　保護主義的貿易政策が第二次世界大戦の一因となった反省から，1947 年に関税及び貿易に関する一般協定（GATT）が締結され，日本は 1955 年に加盟した。GATT により世界の工業製品の平均関税率は 4% 以下となり，GATT は世界貿易の自由化に大きな役割を果たした。ウルグアイ・ラウンド交渉で GATT は世界貿易機関（WTO）に改組されることが合意され，1995 年に WTO が設立された。2001 年からのドーハ・ラウンドでは自由貿易に関する各国の対立が激しく，交渉は失敗した。その後，関税同盟や自由貿易協定など，地域内で自由貿易を目指す動きが活発になっている。ゲーム理論を用いて，自由貿易をめぐる利害対立と自由化を進めるための方策について学ぶことができる。

　各国は自由貿易の協定を離脱するインセンティブをもつため，二国間で「関税戦争」などの貿易対立がしばしば起きる。関税戦争の帰結は双方に経済的な損失を与え，自由貿易交渉は囚人のジレンマの性質をもつ。関税同盟や自由貿易協定などの地域主義がグローバルな自由貿易に発展するかどうか，ゲーム理論による研究が進展している。

1 自由貿易と WTO 体制

　保護主義的貿易政策やブロック経済化が第二次世界大戦の一因となったという反省に立ち，1947 年，関税及び貿易に関する一般協定（General Agreement on Tariffs and Trade：GATT）が締結され，翌年発効した。日本

は 1955 年に GATT に加盟した。8 回の交渉ラウンドを通じて工業製品の平均関税率が 40% から 4% 以下に下がる（Bagwell and Staiger［1999］）など，GATT は世界の自由貿易の推進に大きな役割を果たしてきた。GATT の原則は，「互恵性」と「最恵国待遇」である。「互恵性」の原則は，自国が関税率を下げる代償として相手国も関税率を下げることを意味する。「最恵国待遇」の原則は，各国はすべての加盟国を平等に扱うことを意味する。自国が特定の国のある製品に課す関税率は，他のすべての加盟国にも平等に適用される。

1986 年から 1994 年にかけて開催された第 8 回多国間貿易交渉（ウルグアイ・ラウンド）で，GATT は世界貿易機関（World Trade Organization：WTO）に改組されることが決定され，1995 年に WTO が設立された[1]。GATT は主に財の取引を対象としたが，WTO では，交渉の対象がサービスや知的財産権にまで拡大した。WTO 設立の合意文書は，WTO の機能として，(1) WTO 協定（WTO 設立協定及びその附属協定）の実施と運用の促進，(2) 多国間貿易関係に関する交渉の場（ラウンド）の提供，(3) 紛争解決手続きの運用，(4) 貿易政策レビュー制度の運用，(5) IMF および世界銀行との協力，をあげている[2]。

WTO の紛争解決手続きは，次のような仕組みである[3]。加盟国の申し立てにより，当事国同士による紛争解決のための二国間協議が行われる。紛争が解決されない場合，申立国はパネル（小委員会）に紛争を付託できる。全加盟国によって構成される紛争解決機関は，パネルを設置しないという全会一致の合意が存在しない限り，パネルの設置を決定する（ネガティブ・コンセンサス方式）。パネルの報告書は，紛争解決機関によって採択される。報告書に不服があるならば，当事国は上級委員会に申し立てできる。GATT では報告書は全会一致方式で採択されていたが，WTO ではすべての加盟国が異議を出さない限り採択され，紛争処理が迅速に行われるようになった。

2001 年に WTO のドーハ・ラウンドが開始され，8 分野（農業，非農産品市場アクセス，サービス，ルール，開発，知的財産権，貿易円滑化，環境）の貿易交渉が行われた。例えば，農業分野では，国内補助金の削減，関税削減，輸

出補助金の撤廃について交渉が行われた。しかし，ドーハ・ラウンドでは，各国の対立が激しく合意が実現されなかった[4]。

ドーハ・ラウンドの失敗以後，地域内で自由貿易協定（Free Trade Agreement：FTA）を締結する動きが活発になっている。関税同盟（customs union）は，加盟国間では関税をゼロにし，域外には共通関税を設ける協定であり，ヨーロッパ連合（European Union：EU）が代表的な例である。自由貿易協定は，加盟国間で関税をゼロにし，域外には共通関税を設けない協定である。1993年に北米自由貿易協定（North American Free Trade Agreement：NAFTA）が設立されている。

経済連携協定（Economic Partnership Agreement：EPA）は，貿易の自由化に加え，投資，人の移動，知的財産の保護や競争政策におけるルール作りなどを含む広範囲な協定である。日本は2017年，オーストラリア，ブルネイ，カナダ，チリ，マレーシア，メキシコ，ニュージーランド，ペルー，シンガポール，米国及びベトナムと，EPAである環太平洋パートナーシップ（Trans-Pacific Partnership：TPP）協定を締結した[5]。また，日本は，2019年にEUとEPAを締結した[6]。

2 二国間貿易交渉ゲーム

二国間の貿易交渉をゲームのモデルを用いて分析する。

ゲームのプレイヤーを国1と国2およびそれぞれの国の企業1と企業2とする。各国の市場は自国企業と外国企業の複占市場であり，企業は同質財を自国市場と外国市場に供給する。国1での自国企業1の財の供給量を h_1 とし，外国企業2の財の供給量を f_2 とすると，財の価格 p は次の関係式

$$p = a - h_1 - f_2$$

によって与えられる（図10-1）。これを市場の（逆）需要関数という。企業 i $(= 1, 2)$ が q_i 単位の財を供給するときの生産費用を cq_i とする。ここで，c (> 0) は限界生産費用（生産量を1単位増すときの生産費用の増分）である。

図 10-1　需要関数と消費者余剰

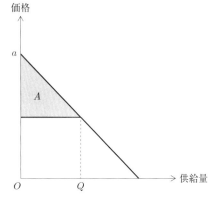

図 10-2　関　税

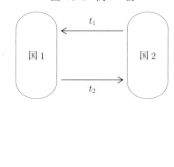

国 1 の関税率を t_1 とするとき，外国企業 2 は関税 $t_1 f_2$ を国 1 に支払う（図 10-2）。国 1 の市場での財の総供給量は $Q = h_1 + f_2$ であり，消費者余剰（図 10-1 の領域 A の面積）は $Q^2/2$ で与えられる。

　同様に，国 2 の市場では外国企業 1 の財の供給量 f_1 と自国企業 2 の財の供給量 h_2 に対して，財の価格が

$$p = a - f_1 - h_2$$

で与えられる。二国の市場は独立であり，市場価格はそれぞれの市場の財の総供給量のみによって定まる。

　貿易交渉ゲームは，次の二段階からなる。最初に，国 1 と国 2 の政府がそれぞれ関税率 t_1 と t_2 を選択する。次に，関税率を所与として，企業 1 と企業 2 は財の供給量の組（h_1, f_1）と（h_2, f_2）を選択する。企業は二つの市場での総利潤を最大化する。政府の目的は，消費者余剰，自国企業の総利潤および関税収入の和の最大化である。

　貿易交渉ゲームの部分ゲーム完全均衡を求めよう。最初に，関税率 t_1 と t_2 の下での二段階目のゲームのナッシュ均衡を計算する。企業の戦略は，自国市場と外国市場での財の供給量の選択である。自国市場と外国市場は独立であるので，それぞれの複占市場でのナッシュ均衡（クールノー均衡と呼ばれる）を求めればよい。国 1 では外国企業 2 は関税 $t_1 f_2$ を支払うので，

生産費用が $(c+t_1)f_2$ であると見なせる。自国企業 1 の生産費用は ch_1 である。このとき，国 1 の複占市場のナッシュ均衡における企業の供給量は

$$h_1 = \frac{a-c+t_1}{3}, \qquad f_2 = \frac{a-c-2t_1}{3}$$

となる（導出は付録 1 を参照）。また，企業 $i\ (=1,2)$ の利潤 g_i は

$$g_1 = \left(\frac{a-c+t_1}{3}\right)^2, \qquad g_2 = \left(\frac{a-c-2t_1}{3}\right)^2$$

となる。自国企業の供給量と利潤は，外国企業への関税が増えると増加する。逆に，外国企業の供給量と利潤は関税が増えると減少する。関税の増加は，自国企業に有利である。国 1 の市場における財の総供給量は

$$Q_1 = \frac{2(a-c)-t_1}{3}$$

である。関税率の増加は財の総供給量と消費者余剰を減少させる。

　同様に，国 2 の複占市場のナッシュ均衡における企業の供給量は

$$f_1 = \frac{a-c-2t_2}{3}, \qquad h_2 = \frac{a-c+t_2}{3}$$

であり，企業の利潤は

$$g_1 = \left(\frac{a-c-2t_2}{3}\right)^2, \qquad g_2 = \left(\frac{a-c+t_2}{3}\right)^2$$

である。

　次に，一段階目のゲームのナッシュ均衡を計算する。各国政府は，消費者余剰，自国企業の総利潤および関税収入の和の最大化を目的として，関税率を決定する。以下では，簡単化のために $a-c=1$ とおく。国 1 の利得 W_1 は，

$$\begin{aligned}
W_1(t_1,t_2) &= \frac{(2-t_1)^2}{18} + \frac{(1+t_1)^2}{9} + \frac{(1-2t_2)^2}{9} + \frac{t_1(1-2t_1)}{3}\\
&= \frac{1}{18}\{-9t_1^2 + 6t_1 + 6 + 2(1-2t_2)^2\} \qquad (10.1)
\end{aligned}$$

である。最初の等式の第一項は消費者余剰，第二項は自国市場における自

国企業の利潤，第三項は外国市場における自国企業の利潤，第四項は関税収入である。式（10.1）より，国 2 の関税率 t_2 の値に関係なく，国 1 の利得は $t_1 = 1/3$ で最大になる。同様の計算で，国 1 の関税率 t_1 の値に関係なく，$t_2 = 1/3$ で国 2 の利得は最大になる。したがって，ナッシュ均衡では $t_1 = t_2 = 1/3$ であり，各国の利得は $W_1 = W_2 = 65/162$ である。関税ゲームのナッシュ均衡を**関税戦争**と呼ぶ。

　関税ゲームのナッシュ均衡が（二国にとって）パレート最適であるかどうかを調べよう。二国の利得の総和は

$$W_1(t_1, t_2) + W_2(t_1, t_2) = \frac{1}{18}\{-t_1^2 - 2t_1 - t_2^2 - 2t_2 + 16\}$$

であり，自由貿易 $(t_1 = t_2 = 0)$ により最大化される。自由貿易の下では，各国の利得は $W_1 = W_2 = 4/9 > 65/162$ となる。したがって，関税ゲームのナッシュ均衡 $(t_1 = t_2 = 1/3)$ はパレート最適ではない。

　次に，二国が関税戦争を回避して自由貿易協定 $(t_1 = t_2 = 0)$ を締結する状況を考える。もし国 1 が協定に違反して保護貿易 $(t_1 = 1/3)$ を選択するならば，国 1 と国 2 の利得は，それぞれ

$$W_1(t_1, 0) = \frac{81}{162}, \qquad W_2(t_1, 0) = \frac{56}{162}$$

となる。同様に，もし国 2 が協定に違反して保護貿易 $(t_2 = 1/3)$ を選択するならば，国 1 と国 2 の利得は，それぞれ

$$W_1(0, t_2) = \frac{56}{162}, \qquad W_2(0, t_2) = \frac{81}{162}$$

となる。自由貿易協定から離脱する国の利得は増加するので，各国は自由貿易協定から離脱するインセンティブをもち，自由貿易協定は安定でない。

　二国が自由貿易 $(t_i = 0)$ と保護貿易 $(t_i = 1/3)$ の二通りの戦略をもつとき，利得表は表 10-1 のようになる。ただし，各国政府の利得を見やすくするため，利得を 162 倍し分母を払っている。表 10-1 からわかるように，関税ゲームは囚人のジレンマと同じ構造をもち，各国の支配戦略は保護貿易である。自由貿易協定はパレート最適であるが，各国は協定に違反するイン

表 10-1 関税ゲーム

自国 ＼ 外国	自由貿易	保護貿易
自由貿易	72 , 72	56 , 81
保護貿易	81 , 56	65 , 65

センティブをもつ。

　国際貿易は一回限りのゲームではない。二国は毎年貿易を行う。関税ゲームの繰り返しゲームにおいて自由貿易協定が遵守される条件を考える。自由貿易協定に相手国が違反したら，各国は報復措置として保護貿易を実施する（トリガー戦略：第7章第1節）とする．表 10-1 より，自由貿易協定に違反する国は短期的利得を9だけ増加できるが，相手国による報復措置の結果，長期的利得の損失 $7r/(1-r)$ が生じる。ここで，r は各国政府の将来利得の割引因子である。$r > 9/16$ であれば，自由貿易協定に違反すれば，各国の長期的利得の損失は短期的利得の増加を上回り，自由貿易協定は遵守される。

3　自由貿易地域の形成

　前節の関税ゲームを三カ国の場合に拡張して，多国間の自由貿易交渉を分析する。多国間で自由貿易が合意されている地域を自由貿易地域という。自由貿易地域では，地域内のすべての国の間で自由貿易協定が締結されている。多国間の自由貿易交渉では，二カ国以上の国が自由貿易地域を形成することが可能であるが，すべての国が参加するとは限らない。すべての国が参加する自由貿易協定が合意されるであろうか？　または，一部の国が参加しない自由貿易地域が形成されるであろうか？

　ゲームのプレイヤーは，国1，国2，国3およびそれぞれの国の企業1，企業2，企業3である。二国間の貿易交渉と異なり，各国は二つの外国企業に関税を課す（図 10-3）。国 i（$= 1,2,3$）が外国企業 j（$\neq i$）に課す関税

図 10-3　三国における関税

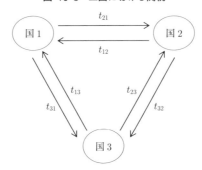

を t_{ij} とおく。

　各国の市場は自国企業と二つの外国企業の寡占市場であり，企業は同質財を自国市場と外国市場に供給する。国 1 で自国企業 1 の財の供給量を h_1，外国企業 2 と 3 の財の供給量を f_{12}, f_{13} とすると，財の価格 p は

$$p = a - h_1 - f_{12} - f_{13}$$

によって与えられる。前節と同じく，企業 i が q_i 単位の財を供給するときの生産費用を cq_i とする。国 1 の外国企業 j $(= 2, 3)$ に対する関税率を t_{1j} とするとき，外国企業 j は関税 $t_{1j}f_{1j}$ を国 1 に支払う。

　多国間貿易交渉ゲームは，二国間の場合と同様に，次の二段階からなる。最初に，国 1，国 2，国 3 の政府がそれぞれ関税率 t_1, t_2, t_3 を選択する。次に，関税率を所与として，企業 1，企業 2，企業 3 は財の供給量の組 (h_1, f_{21}, f_{31})，(h_2, f_{12}, f_{32})，(h_3, f_{13}, f_{23}) を選択する。企業は三つの市場での総利潤を最大化する。政府の目的は，消費者余剰，自国企業の総利潤および関税収入の和の最大化である。

　最初に，関税率 (t_1, t_2, t_3) の下での二段階目のゲームのナッシュ均衡を計算する。各国の市場は独立であるから，二国間の場合と同様に，それぞれの市場でのナッシュ均衡を計算すればよい。国 1 の市場では外国企業 j は関税 $t_{1j}f_{1j}$ を支払うので，外国企業 j の生産費用が $(c + t_{1j})f_{1j}$ である寡占市場とみなすことができる。自国企業 1 の生産費用は ch_1 である。簡単化

のため，$a - c = 1$ とおく。企業の均衡供給量は

$$h_1 = \frac{1 + t_{12} + t_{13}}{4}, \qquad f_{12} = \frac{1 - 3t_{12} + t_{13}}{4},$$

$$f_{13} = \frac{1 - 3t_{13} + t_{12}}{4}$$

となる（導出は付録 1 を参照）。企業の利潤は

$$g_1 = \left(\frac{1 + t_{12} + t_{13}}{4} \right)^2, \qquad g_2 = \left(\frac{1 - 3t_{12} + t_{13}}{4} \right)^2,$$

$$g_3 = \left(\frac{1 - 3t_{13} + t_{12}}{4} \right)^2$$

である。自国企業の財の供給量と利潤は，外国企業への関税が増えると増加する。関税の外国企業の財の供給量と利潤に対する影響は，二つの外国企業への関税の大小によって異なる。もし外国企業への関税が共通であれば，関税の増加は外国企業の財の供給量と利潤を減少させる。国 1 の市場における財の総供給量は，

$$Q_1 = \frac{3 - t_{12} - t_{13}}{4}$$

である。外国企業への関税の増加は，財の総供給量と消費者余剰を減少させる。国 2 と国 3 の寡占市場のナッシュ均衡も同じように計算できる。

次に，一段階目の関税ゲームのナッシュ均衡を計算する。各国政府は，消費者余剰，企業の総利潤および関税収入を最大化するように，関税率を選択する。国 $i\ (= 1, 2, 3)$ の関税率を $t_i = (t_{ij}, t_{ik})\ (i \neq j, k)$ とおく。国 1 の利得は，

$$
\begin{aligned}
W_1(t_1, t_2, t_3) = {} & \frac{(3 - t_{12} - t_{13})^2}{32} + \frac{(1 + t_{12} + t_{13})^2}{16} \\
& + \frac{(1 - 3t_{21} + t_{23})^2}{16} + \frac{(1 - 3t_{31} + t_{32})^2}{16} \\
& + \frac{t_{12}(1 - 3t_{12} + t_{13})}{4} + \frac{t_{13}(1 - 3t_{13} + t_{12})}{4}
\end{aligned}
$$

$$(10.\ 2)$$

である。第一項は消費者余剰，第二項から第四項は三つの市場での自国企業の利潤，第五項と第六項は関税収入である。最適解 $t_1 = (t_{12}, t_{13})$ の一階条件より

$$21t_{12} - 11t_{13} = 3, \qquad -11t_{12} + 21t_{13} = 3 \tag{10. 3}$$

を得る（導出は付録2を参照）。式（10. 3）を解いて，国1の最適関税率

$$t_{12} = t_{13} = \frac{3}{10} \tag{10. 4}$$

を得る。国2と国3の関税とは独立に国1の最適関税率が定まり，式（10. 4）は国1の支配戦略（他のプレイヤーのどんな戦略に対しても最適である戦略）である。三カ国は対称的（立場が同じ）だから，国2と国3の最適関税率（支配戦略）も同じである。式（10. 2）に最適関税率を代入して，各国の均衡利得

$$W_1 = W_2 = W_3 = \frac{21}{50} = 0.42$$

を得る。

　三カ国が自由貿易協定（$t_{ij} = 0$）を締結するとき，各国の利得は式（10. 2）より

$$W_1 = W_2 = W_3 = \frac{15}{32} \doteqdot 0.47$$

である。関税ゲームのナッシュ均衡よりすべての国の利得が増大するので，ナッシュ均衡はパレート最適でない。

　次に，国1と国2が自由貿易地域を形成する状況（$t_{12} = t_{21} = 0$）を考える。国3に対して国1と国2は異なる関税を設けてもよい（ただし，以後の計算からわかるように，国1と国2は対称的であるからそれぞれの国3に対する最適関税は等しくなる）。国3は自由貿易協定に参加せず，最適関税（$t_{31} = t_{32} = 3/10$）を選択する。

　国2との自由貿易協定の下で，国1の国3に対する最適関税を求める。t_{13} に関する国1の利得最大化の一階条件は，式（10. 3）より

図 10-4 国 1 と国 2 による自由貿易地域の下での各国の最適関税

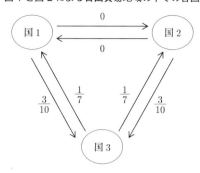

$$-11t_{12} + 21t_{13} = 3$$

である。ここで，$t_{12} = 0$ であるから，

$$t_{13} = \frac{1}{7}$$

である。同様の計算で，国 2 の国 3 に対する最適関税 t_{23} も 1/7 となる（図 10-4 を参照）。

　国 1 と国 2 が自由貿易地域を形成するとき，国 1 の利得は式（10. 2）に $t_{12} = t_{21} = 0$，$t_{13} = t_{23} = 1/7$，$t_{31} = t_{32} = 3/10$ を代入して

$$W_1 = \frac{1}{32}\left(3 - \frac{1}{7}\right)^2 + \frac{1}{16}\left(1 + \frac{1}{7}\right)^2 + \frac{1}{16}\left(1 + \frac{1}{7}\right)^2$$
$$+ \frac{1}{16}\left(1 - \frac{3}{5}\right)^2 + \frac{1}{4}\frac{1}{7}\left(1 - \frac{3}{7}\right)$$
$$= \frac{4,398}{9,800} \fallingdotseq 0.4488$$

である。国 1 と国 2 は対称的であるから，国 2 の利得は国 1 と同じである。国 3 の利得は，式（10. 2）で国 1 を国 3，国 3 を国 1 に代えてを $t_{12} = t_{21} = 0$，$t_{13} = t_{23} = 1/7$，$t_{31} = t_{32} = 3/10$ を代入して

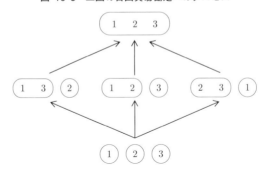

図 10-5　三国の自由貿易協定へのプロセス

$$W_3 = \frac{1}{32}\left(3 - \frac{3}{5}\right)^2 + \frac{1}{16}\left(1 + \frac{3}{5}\right)^2 + \frac{1}{8}\left(1 - \frac{3}{7}\right)^2$$
$$\qquad + \frac{1}{2}\frac{3}{10}\left(1 - \frac{3}{5}\right)$$
$$\qquad = \frac{108}{245} \fallingdotseq 0.4408$$

である。

　三つの貿易状態，(1)三カ国間の自由貿易協定，(2)国1と国2による自由貿易地域の形成，(3)関税戦争，における各国の利得を比較すると，すべての国の利得は，(1)＞(2)＞(3)の順序である。三カ国間の自由貿易協定により各国の利得は最大になる。関税戦争の状態から国1と国2による自由貿易地域が形成されても，国3の参加により自由貿易地域は拡大され，三カ国による自由貿易協定が合意される。違反国に対する報復関税の実施（トリガー戦略）により，参加国は合意を遵守するインセンティブをもつ。図10-5は，二カ国による自由貿易地域が拡大され，三カ国による自由貿易協定が締結されるプロセスを示している。

付録 1　第2節の寡占市場におけるナッシュ均衡の導出

　第2節のナッシュ均衡の導出を企業数が n（≥ 1）の場合について説明する。n 社の企業 $1, \cdots, n$ が同じ財を市場に供給している。企業 i の

財の供給量を q_i とすると，財の価格は市場の（逆）需要関数

$$p = a - Q \tag{10.5}$$

によって定まる。ここで，

$$Q = q_1 + \cdots + q_n$$

は財の総供給量である。企業 i が財を q_i 単位生産するときの生産費用を $C_i(q_i) = c_i q_i$ とする。ここで，$c_i > 0$ は企業 i の限界費用である。企業の供給量の組 $q = (q_1, \cdots, q_n)$ に対して，企業 i の利潤 $g_i(q) = (p - c_i)q_i$ が定まる。企業 i の利潤最大化の一階条件は $dg_i(q)/dq_i = 0$ であり，

$$q_i = a - c_i - Q = p - c_i \tag{10.6}$$

で与えられる。式（10.6）の両辺を $i = 1, \cdots, n$ について加えれば，

$$Q = na - \sum_{i=1}^{n} c_i - nQ$$

が得られる。これを解いて，

$$Q = \frac{na - \sum_{i=1}^{n} c_i}{n+1}$$

である。これを式（10.6）に代入して，

$$q_i = \frac{a - nc_i + \sum_{i \neq j} c_j}{n+1}$$

を得る。ナッシュ均衡における企業 i の利潤は，式（10.6）より

$$g_i(q) = (p - c_i)q_i = (q_i)^2 = \left(\frac{a - nc_i + \sum_{i \neq j} c_j}{n+1} \right)^2$$

である。

付録 2　式（10. 3）の導出

式（10. 2）を変数 t_{12} で偏微分すると，

$$
\begin{aligned}
\frac{\partial W_1}{\partial t_{12}} &= -\frac{1}{16}(3 - t_{12} - t_{13}) + \frac{1}{8}(1 + t_{12} + t_{13}) \\
&\quad + \frac{1}{4}(1 - 6t_{12} + t_{13}) + \frac{1}{4}(t_{13}) \\
&= \frac{1}{16}(3 - 21t_{12} - 11t_{13})
\end{aligned}
$$

である。最適解の一階条件 $\partial W_1 / \partial t_{12} = 0$ より，

$$
21t_{12} - 11t_{13} = 3
$$

を得る。同様に，t_{13} に関する最適解の一階条件より，

$$
-11t_{12} + 21t_{13} = 3
$$

を得る。以上より，式（10. 3）を得る。

ま　と　め

⑴　自由貿易はすべての参加国に経済的利益を与えるが，各国は合意から離脱するインセンティブをもち，囚人のジレンマの状況である。

⑵　自由貿易地域の形成から世界全体の自由貿易体制に発展することが可能である。

練 習 問 題

①　WTO のドーハ・ラウンドでの主要国の主張を調べ，交渉の失敗の原因について考察しなさい。

②　関税戦争の事例を一つとり上げ，どのような対立があったかを述べな

さい。

注 ———————————————————————————

1）　WTO の概要は，外務省と経済通商産業省の HP を参照している。
外務省 https://www.mofa.go.jp/mofaj/gaiko/page2_000003.html 最終ア
クセス日 2020 年 2 月 5 日。
経済通商産業省 https://www.meti.go.jp/policy/trade_policy/wto/index.
html 最終アクセス日 2020 年 2 月 5 日。
2）　WTO 設立合意文書の内容は WTO の HP を参照している。
https://www.wto.org/english/docs_e/legal_e/04-wto_e.htm 最終アクセス
日 2020 年 2 月 5 日。
3）　WTO の紛争解決手続きの説明は，外務省 HP を参照している。
https://www.mofa.go.jp/mofaj/gaiko/wto/funso/seido.html 最終アクセ
ス日 2020 年 2 月 5 日。
4）　ドーハ・ラウンドの交渉については，外務省の HP を参照している。
https://www.mofa.go.jp/mofaj/gaiko/wto/doharound1.html 最終アクセ
ス日 2020 年 2 月 5 日。
5）　その後 2017 年に米国が離脱し 11 カ国による TPP11 協定になった。
6）　EPA のデータは，外務省 HP を参照している。
https://www.mofa.go.jp/mofaj/gaiko/fta/最終アクセス日 2020 年 2 月 5
日。

第11章

国際協力制度の形成

争いをなくすためのルールを作るには？

イントロダクション────

　国際社会では国連など多くの国際機関が設立され，国際協力のためのルール（制度）が作られている。国際協力のルール作りが成功するためには，共通認識，合意形成，合意の遵守メカニズムに加えて，自由参加問題が適切に解決されなければならない。国際社会には各国に参加を強制する世界政府は存在せず，ルール作りへの参加は自発的でなければならない。京都議定書や核不拡散条約の事例が示すように，各国は，ルール作りに参加せず他国による協力体制にただ乗りをするインセンティブをもつ。国益を追求する国々は自発的に国際協力のルール作りに参加するだろうか？　ゲーム理論を用いて，国際協力のルール作りが成功するための条件を学ぶことができる。

　国際協力のルール作りは，参加決定，合意交渉，行動決定の多段階ゲームとして定式化できる。第5章第4節で学んだ完全均衡を用いてゲームを解くことによって，国益を追求する国々の間でも国際協力のルール作りが可能であることがわかる。また，制度形成交渉の実験研究では，公平性がルール作りに大きな影響を与え，参加者と非参加者の間で不公平が生ずる制度は合意されないことが明らかにされている。

1 制度形成の交渉理論

　国際社会では，多国間協力を実現するために，国際連合（UN），国際原子力機関（IAEA），世界貿易機関（WTO），国際通貨基金（IMF），気候変動枠組条約などさまざまな制度的枠組みが国際公共財として構築されている。**制**

度（institution）は，「社会におけるゲームのルールである。あるいはより形式的にいえば，それは人々によって考案された制約であり，人々の相互作用を形づくる」（ノース［1994］）。

社会科学において，社会の中で制度の役割を重視する研究アプローチを**制度主義アプローチ**という。制度主義アプローチの基本的な問いは，「社会制度の生成と進化は，個人のインセンティブや行動とどのように関係するか？」，「社会制度は，経済・政治システムのパフォーマンスにどのような影響を与えるか？」である。また，社会制度にはさまざまなタイプがある。法律や国際条約のように人間が意図的に考案し作ったフォーマルな社会的制約の他に，慣習や社会規範のように長い年月をかけて社会に定着した暗黙の行動ルールも社会制度である。

協力問題への制度主義アプローチは，ゲームのプレイヤーが自発的に制度を形成し相互協力を実現すると想定する。このような制度主義アプローチに対して，公共財のただ乗り問題の視点から，次のような批判がなされることが多い。協力を実現するために作られた制度はそれ自体が高次の公共財であり，利己的で合理的なプレイヤーは制度にただ乗りしようとするインセンティブをもち，制度の自発的形成は失敗する（Bates［1988］）。制度へのただ乗りは，公共財の**二次ただ乗り問題**とも呼ばれる。

第2章第6節では，国際協力の重層的問題として，共通認識，合意形成，合意遵守と自由参加について述べた。相互協力のための自発的な制度形成が可能であるためには，これらの問題が適切に解決されなければならない。この章では，共通認識以外の合意形成，合意遵守と自由参加の三つの問題を分析するための基本的な理論モデルを第4章第1節の国際公共財ゲームを用いて説明する。以下では，国家間で状況の共通認識は成立しているとする。

プレイヤーの集合を $N = \{1, \cdots, n\}$ とし，各プレイヤー $i = 1, \cdots, n$ の国際公共財に対する貢献を x_i とする。x_i は貢献のために拠出する資金の額を表し，$0 \leq x_i \leq w$ の実数である。貢献額の組み合わせ $x = (x_1, \cdots, x_n)$ に対して，$x_1 + \cdots + x_n$ の規模の国際公共財が供給され，プレイヤー i は利得

$$f_i(x) = w - x_i + a(x_1 + \cdots + x_n)$$

を得る。パラメータ $a\ (>0)$ は国際公共財の限界便益を表す。

$1/n < a < 1$ という条件を仮定する。このとき，第4章第1節で説明したように，(1)他のプレイヤーの貢献額に関わらず，各プレイヤーにとって貢献額ゼロを選択することが最適である（貢献額ゼロはプレイヤーの支配戦略である），(2)ただ一つのナッシュ均衡 $x^* = (0, \cdots, 0)$ はパレート最適でない，という二つの性質が成り立つ。国際公共財ゲームは多人数囚人のジレンマであり，協力が実現するためにはプレイヤーの行動を規制する何らかの制度的枠組みが必要である。しかし，自由参加問題が適切に解決されなければ，制度の自発的形成は可能でない。

次のような国際協力のための制度形成の多段階ゲームを考える。

第一段階（参加決定）：すべてのプレイヤーは，国際協力の制度に参加するかどうかを他とは独立に決定する。

第二段階（合意形成）：制度に参加するプレイヤーは，国際公共財に貢献するかどうかについて交渉する。交渉は全員一致投票で行われる。参加プレイヤーは，貢献に賛成するか反対するかを投票する。もし全員が賛成すれば，すべての参加プレイヤーが国際公共財に最大額 w の貢献をする国際条約が合意される。この場合，参加プレイヤーは合意を遵守することが義務づけられ，違反した参加プレイヤーは制裁を受ける。また，参加プレイヤーは合意の遵守コスト c を均等に負担する。もし全員が賛成しなければ，条約は成立しない。制度に参加しないプレイヤーは，合意した条約に拘束されない。

第三段階（行動決定）：制度に参加したかどうかに関わらず，すべてのプレイヤー i は国際公共財への貢献 x_i を決定する。ただし，二段階目のゲームで合意が成立した場合，参加プレイヤーの貢献は $x_i = w$（最大額）である。

制度形成の多段階ゲームでは，気候変動枠組条約などの国際条約のように自発的に合意した場合にのみ，参加プレイヤーは条約の遵守が義務づけられる。条約が遵守されるために，国際協力の制度は**制裁メカニズム**をもつとする。制裁メカニズムとしては，参加プレイヤーが相互に行動をモニターし違反国を制裁する分権的制裁メカニズムや，IAEA の核査察のように制度の中央機構が違反国を制裁する集権的制裁メカニズムがある。

　制度形成ゲームの部分ゲーム完全均衡（第 5 章第 4 節）を求めよう。部分ゲーム完全均衡の計算は，後ろのゲームから順次，ナッシュ均衡を求めていく逐次合理性の手続きに従う。

　最後の行動決定段階では，条約が合意されている場合，すべての参加プレイヤーが最大額 w の貢献を義務づけられる。非参加プレイヤーは貢献しない。条約が合意されていない場合，すべてのプレイヤーが貢献しない。

　次に，行動決定段階の結果を前提として，合意形成段階のナッシュ均衡を計算する。制度に参加するプレイヤーの数を s $(2 \leq s \leq n)$ とする。投票の結果は，二通りがありうる。全員が賛成すれば，条約は合意され，参加プレイヤーの利得は $asw - c/s$ である。第一項は国際公共財からの利得であり，第二項は負担する合意の遵守コストである。一人でも反対すれば，条約は合意されず，参加プレイヤーの利得は w である。したがって，もし

$$asw - \frac{c}{s} \geq w \tag{11.1}$$

ならば，参加プレイヤー全員が条約に賛成する投票結果はナッシュ均衡である。

　また，全員一致投票ルールの性質から，参加プレイヤー全員が条約に反対する投票結果もナッシュ均衡である。なぜならば，一人の参加プレイヤーだけが条約に賛成しても合意は成立せず，投票結果が変わらないからである。すべての参加プレイヤーは，他の参加プレイヤーが条約に反対する限り，賛成と反対の投票に関して無差別であるので，このようなナッシュ均衡は弱い均衡（第 4 章第 3 節）である。式（11.1）が成り立たないとき，合意形成段階は条約が合意されない弱いナッシュ均衡しかもたない。

最後に，行動決定段階と合意形成段階の結果を前提として，参加決定段階のナッシュ均衡を求める。二つのタイプのナッシュ均衡が存在する。最初のタイプは，一定数のプレイヤーが制度に参加し国際協力が実現する均衡で，このような均衡を**制度均衡**（institutional equilibrium）という。他の一つは，条約が合意されず国際協力が実現しない均衡で，このような均衡を**現状維持均衡**（status-quo equilibrium）という。

　式（11.1）を満たす最小の自然数 s^* を**最小協力数**と呼ぶ。次の二つの命題が得られる（Kosfeld et al. [2009]）。

> 命題1：最小協力数 s^* 以上のすべての自然数 s（$s^* \leq s \leq n$）に対して，s 人のプレイヤーが制度に参加し国際協力が実現する制度均衡が存在する。

> 命題2：すべての自然数 s（$1 \leq s \leq n$）に対して，s 人のプレイヤーが制度に参加するが国際協力が実現しない現状維持均衡が存在する。

　命題1が成り立つ理由は，次のように説明できる。自然数 s を $s^* \leq s \leq n$ を満たす任意の自然数とする。合意形成段階の結果は参加人数に依存し，s 人以上のプレイヤーが制度に参加する場合は全員が条約に賛成するナッシュ均衡がプレイされ，それ以外の場合は全員が条約に反対する弱いナッシュ均衡がプレイされるとする。このとき，s 人のプレイヤーが制度に参加する状況は参加決定段階のナッシュ均衡であることを示す。

　s 人のプレイヤーが制度に参加するとき，参加プレイヤーの利得は $asw - c/s$ である。もし一人のプレイヤーが制度に参加しなければ，参加人数は $s-1$ となり，合意形成段階のナッシュ均衡の選択ルールにより合意は成立しない。したがって，プレイヤーの利得は $asw - c/s$ から w に変化し，利得は増加しない。また，もし一人の非参加プレイヤーが参加すれば，参加人数は $s+1$ となり，条約が合意される。したがって，プレイヤーの利得はただ乗り利得 $w + asw$ から $a(s+1)w - c/(s+1)$ に減少する。以上より，s 人のプレイヤーが制度に参加し国際協力を実現する状況は，ナッシュ均衡で

ある。

　命題2が成り立つ理由は，次のように説明できる。参加人数によらず合意形成段階で全員が条約に反対する弱いナッシュ均衡がプレイされるとき，参加決定段階の結果は，参加人数によらず国際協力が実現しないものであり，すべてのプレイヤーの利得は w である。したがって，すべての自然数 s（$1 \leq s \leq n$）に対して，s 人のプレイヤーが制度に参加するが国際協力が実現しない状況は，ナッシュ均衡であり現状維持均衡である。

　命題1より，制度形成ゲームは最小協力数以上のプレイヤーが制度に参加し国際協力が実現する制度均衡をもち，協力問題への制度主義アプローチに対する批判は，理論上正当化されない。しかし，命題2より，国際協力が実現しない現状維持均衡も存在し，制度主義アプローチが必然的に国際協力を実現できるとはいえない。さらに，国際協力が実現可能であっても，すべてのプレイヤーが国際協力に参加するとは限らない。一般に，制度均衡では一定数以上のプレイヤーが国際協力に参加するが，他のプレイヤーは国際協力にただ乗りする。制度均衡では，参加プレイヤーと非参加プレイヤーの間で利害の対立がある。このような制度均衡の性質は，気候変動枠組条約での京都議定書をめぐる先進国と途上国との激しい利害対立を理論的に示すものである。

　合意形成段階における全員一致投票ルールの下での複数均衡の存在によって，さまざまなサイズの制度をもつ制度均衡が存在し，制度形成ゲームの複数均衡の問題は深刻である。複数均衡問題のために，国際協力の制度形成が成功するかどうかは，他のプレイヤーの行動に関してプレイヤーがどのような期待をもつかに依存する。プレイヤーは，二種類の協調問題を解決しなければならない。一つは国際協力の規模（参加人数）に関する協調問題であり，他の一つは，誰が参加するかという協調問題である。次節では，制度形成の交渉実験によって，実際の人々は国際協力に関わる協調問題をどのように解決するかをみてみよう。

2 制度形成の交渉実験

　制度形成の交渉実験の結果を紹介する（Kosfeld et al. [2009]）。交渉実験は，2003 年 3 月 31 日から 4 月 4 日にかけてアムステルダム大学（オランダ）で実施された。実験には学部生 164 名が参加した。

　実験ゲームのパラメータは，プレイヤーの数 $n = 4$，貢献額 $w = 20$，公共財の限界便益 $a = 0.40$, 0.65，合意の遵守コスト $c = 2$ である。公共財の限界便益が $a = 0.40$ のとき，最小協力数は $s^* = 3$ である。公共財の限界便益が $a = 0.65$ のとき，最小協力数は $s^* = 2$ である。実験では，参加者の中から無作為に選ばれた 4 名の被験者が制度形成ゲームを 20 ラウンド，プレイした（パートナー・マッチング）。実験は実験室の端末機を通して行われ，被験者が他の被験者と直接に交渉することはない。各被験者は，平均して 23.95 ユーロ（約 25 ドル）を得た。

　制度への参加があったラウンド数と制度が形成されたラウンド数は，表 11-1 に示されている。表 11-1 から次の結果を得る。

表 11-1　制度形成のラウンド数

	$a = 0.40$		$a = 0.65$	
	総数	比率	総数	比率
制度への参加があったラウンド数	220	100%	216	98%
制度が形成されたラウンド数	95	43%	132	61%
内訳				
1 人が参加した制度	0	0%	5	4%
2 人が参加した制度	1	1%	15	11%
3 人が参加した制度	15	16%	22	17%
4 人が参加した制度	79	83%	90	68%

（出所）　Kosfeld et al. [2009] より作成。

　結果 1：公共財の限界便益が 0.40（最小協力数 3）のとき，すべてのラウ

図 11-1　制度形成の学習パターン

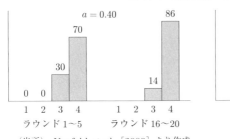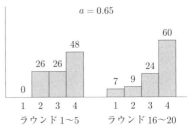

（出所）　Kosfeld et al.［2009］より作成。

ンドで一人以上の被験者が制度へ参加し，43％のラウンドで制度が
形成された。公共財の限界便益が0.65（最小協力数2）のとき，98％
のラウンドで一人以上の被験者が制度へ参加し，61％のラウンドで
制度が形成された。

結果2：公共財の限界便益が0.40と0.65の両方の場合で，形成された
制度の大多数に被験者全員が参加した。最小協力数未満のサイズの制
度は，ほとんど形成されなかった。

交渉実験では，被験者は制度へのただ乗り問題を克服して，自発的に協力
のための制度を形成した。また，形成された制度の大多数は，全員が参加す
る最大規模の効率的な制度であった。

現実社会の制度形成は複雑なプロセスである。制度形成の交渉実験のゲー
ムはこれを反映して自由参加，合意形成と合意遵守の要素を含む多段階のプ
ロセスであり，利得分配や行動選択だけの実験に比べて複雑である。被験者
はプレイを続けることにより制度形成を徐々に学習することが予想される。
図11-1は，被験者の制度形成に関する学習パターンを示している。図11-1
は最初の5ラウンドと最後の5ラウンドで各サイズの制度が形成された頻
度を示している。ゲームのラウンド数が進むにつれて，全員参加の制度が形
成される頻度が増加している。

参加決定ゲームでのプレイヤーの選択は，他のプレイヤーの参加をどの
ように期待するかに依存する。実験では，参加決定ゲームの後に，他の被験

者は何名が制度に参加すると思うか，確率的な予想を被験者に質問した。表 11-2 は，最初と最後のラウンドでの被験者の平均的な予想を示している。

表 11-2　参加人数の平均予想

	参加人数（$a = 0.40$ の場合）				参加人数（$a = 0.65$ の場合）			
予想	1	2	3	4	1	2	3	4
ラウンド 1	9.42	18.19	34.50	37.88	19.52	14.48	23.80	42.20
ラウンド 20	5.29	4.83	15.86	74.03	2.34	5.47	21.28	70.91
全ラウンド	6.48	7.03	21.67	64.81	5.01	11.80	21.75	61.44

（出所）　Kosfeld et al.［2009］より作成。

表 11-2 から次の結果を得る。

　結果 3：公共財の限界便益が 0.40 と 0.65 の両方の場合で，制度に参加
　　　　　した多数の被験者は，他のすべての被験者も制度に参加すると予想し
　　　　　た。

　制度に参加しない被験者がいる場合，参加した被験者は，ただ乗りを許し
ても制度を形成するかどうかの意思決定に直面する。表 11-3 は，参加人数
を所与としたときの制度形成の相対頻度を示している。

表 11-3　制度形成の条件つき確率

参加人数　（$a = 0.40$ の場合）				参加人数　（$a = 0.65$ の場合）			
1	2	3	4	1	2	3	4
0.00	2.94	23.08	69.30	27.78	37.50	37.29	90.91

（出所）　Kosfeld et al.［2009］より作成。

表 11-3 から，次の結果を得る。

　結果 4：公共財の限界便益が 0.40 と 0.65 の両方の場合で，制度への参
　　　　　加人数が 4 人未満のとき，制度は高い頻度で形成されなかった。

　制度に参加しない被験者がいる場合，参加した被験者と参加しない被験者

図 11-2　平均貢献額の変化

(1) $a = 0.40$ の場合

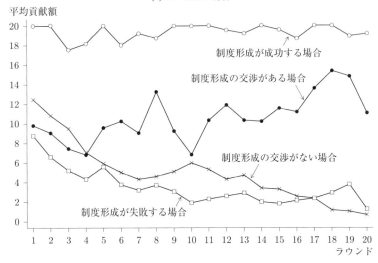

平均貢献額

制度形成が成功する場合

制度形成の交渉がある場合

制度形成の交渉がない場合

制度形成が失敗する場合

ラウンド

(2) $a = 0.65$ の場合

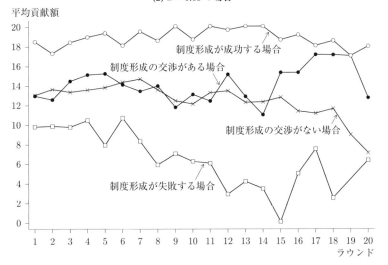

平均貢献額

制度形成が成功する場合

制度形成の交渉がある場合

制度形成の交渉がない場合

制度形成が失敗する場合

ラウンド

（出所）　Kosfeld et al.［2009］より作成。

の利得分配は公平でない。結果 4 は，制度に参加した被験者は，不公平な利得分配を嫌って制度を形成しなかったと解釈できる。

　最後に，制度の自発的形成は，国際公共財の貢献にどのような効果をもたらすかを調べよう。図 11-2 は，制度形成の交渉がない場合（公共財の自発的供給ゲーム），制度形成が成功する場合，制度形成が失敗する場合，制度形成の交渉がある場合（制度形成ゲーム）の 4 つのシナリオの下での協力への平均貢献額の変化を示している。

　図 11-2 から次の結果を得る。

　　結果 5：制度形成の交渉がない場合，協力への平均貢献額はラウンドが
　　　　　進むにつれて減少する。制度形成が失敗した場合の平均貢献額は，制
　　　　　度形成の交渉がない場合に比べて低い傾向がある。制度形成の交渉
　　　　　は，協力の実現に正の効果がある。制度形成ゲームにおける公共財へ
　　　　　の貢献は，制度形成の可能性がない場合に比べて高く安定的である。

　制度形成ゲームの理論と実験結果は，公共財の二次ただ乗り問題は克服可能であり，制度の自発的形成は社会的ジレンマを解決するために有効であることを示している。特に，プレイヤーが利己的な動機だけでなく公平性も考慮する場合，フリーライダーが存在する制度の形成は失敗する可能性が高いことがわかる。

3 コモンズのガバナンス

　第 2 章第 5 節で述べたように，公共財と同じく誰でも消費できるという非排除性をもつ財として共有資源（コモンズ）がある。合理的で利己的な個人によって共有資源は乱獲される傾向がある。また，競合性の性質により，共有資源の個人による消費は他の個人が消費できる量や質を低下させる。森林資源の大量伐採，漁業資源の乱獲や水資源の枯渇などの人為的な現象は，地球環境に深刻な被害を与えている。コモンズの状況では，私的利益の最大

化行動は社会全体にとって望ましくない結果をもたらす。コモンズの社会的ジレンマを解決するためにはコモンズの適切なガバナンスが必要である。

従来，コモンズ問題を解決する方法として，中央当局による国家管理と民営化による私的所有権経済システムが議論されてきた。いずれの解決策もコモンズを国家管理財あるいは私的所有財という異なる性質の財に変化させるものであり，多くの問題点を含む。国家管理による解決は，国家がコモンズの正しい情報を保有し，利用者の行動を効果的にモニターし，違反者を適切に処罰できるという楽観的な仮定に基づいている。社会主義諸国の崩壊など多くの事例が示すように，政府の失敗は，時としてコモンズの悲劇以上の悲劇を社会にもたらす。一方，民営化による解決は，コモンズに低コストで私的所有権が導入でき，市場メカニズムが適切に機能することを仮定する。しかし，森林や漁，地下水のような自然資源に対して私的所有権を設定し維持管理することは，物理的に不可能であることが多く，技術的にも管理コストが大きくなる。

国家と市場によるコモンズの解決は，コモンズのガバナンスの制度変化が外部から与えられることを想定する。これに対して，E. オストロム（1933-2012。2009 年ノーベル経済学賞受賞）は，当事者による制度形成によりコモンズの**セルフ・ガバナンス**が可能であることを実証的に示した。この節では，第 10 章第 1 節の制度形成のゲームを用いて，コモンズのセルフ・ガバナンスの可能性を分析する。

第 4 章第 2 節の湖水の汚染ゲームを再び考える。湖水はすべての工場の共有資源であり，パルプの生産に利用できる。各工場の戦略は，生産廃水の浄化装置をつける（C）か，つけない（D）かの二通りである。浄化装置の設備費用は K 億円である。紙パルプの生産費用は湖水の汚染度に比例し，kL 億円である。ただし，k（$0 \leq k \leq n$）は生産廃水を浄化しない工場数であり，L は浄化しない工場が 1 社増えるときの限界生産費用である。

戦略 C をとるとき，工場 i（$= 1, \cdots, n$）の費用は $K + k_{-i}L$ である。ただし，k_{-i}（$0 \leq k_{-i} \leq n-1$）は工場 i 以外で戦略 D をとる工場数である。戦略 D をとるとき，工場 i の費用は $(k_{-i}+1)L$ である。条件 $L < K < nL$ の

下では，ゲームはただ一つのナッシュ均衡をもち，すべての工場が戦略 D をとり湖水が汚染される。このナッシュ均衡はパレート最適でない。

第 1 節の制度形成ゲームのプロセスを通じて工場が協力して湖水の汚染を防ぐ状況を考える。協力の最小サイズ s^* は，$K + (n - s)L \leq nL$ を満たす最小の自然数であり，比率 K/L を超える最小の自然数となる。第 1 節の結果より，次の命題がいえる。

> 命題：最小協力数 s^* 以上のすべての自然数 s ($s^* \leq s \leq n$) に対して，s 社の工場がコモンズの自主管理制度に参加し生産廃水の浄化装置を設置する制度均衡が存在する。自主管理制度に参加しない工場は，浄化装置を設置しない。また，コモンズの自主管理制度が形成されない現状維持均衡が存在する。

制度形成ゲームは多くの均衡をもち，すべての工場が参加する自主管理制度の形成は保証されない。第 2 節の制度形成の交渉実験の結果は，少数のプレイヤー（4 人）の状況では，全員が制度に参加して協力が実現する頻度が高いことを示しているが，プレイヤーの数が多数の状況では，果たして制度形成が成功するかどうかは明らかでない。また，上の命題は，工場数 n に独立であるので，工場数の増加が制度形成にどのような影響を与えるかについて新たな知見が得られない。

制度形成ゲームは，すべてのプレイヤーが同じ混合戦略を用いて確率的に制度に参加する対称ナッシュ均衡をもち，プレイヤー数が大きくなると，プレイヤー一人ひとりが制度に参加する確率はゼロに収束することが証明されている（Okada [1993]）。この意味で，多人数社会では，少人数社会に比べて協力が実現する頻度が低いといえる。しかし，制度形成が成功する確率は多人数社会でも必ずしもゼロではないことが，制度形成ゲームの数値シミュレーションで示されている。

まと　め

(1)　国際協力枠組みへの参加は自発的である。

(2)　協力のための制度形成が成功するためには，制度へのただ乗り問題が適切に解決されなければならない。

練 習 問 題

①　国際機関を一つとり上げ，国際協力のためにどのようなルールが作られているかを調べなさい。

②　国内または国際的なコモンズを一つとり上げ，自主管理のためにどのようなルールが作られているかを調べなさい。

コモンズが成功するための八つの条件

E.オストロムは，日本の入会地を含む世界各地のコモンズの多数の事例を調べて，コモンズのセルフ・ガバナンスが成功するための次の八つの条件を提示している（Ostrom［1990]）。

(1) コモンズの境界と利用できる個人や団体が明確に定義されている。
(2) コモンズを利用できる時間，場所，技術と資源量の割り当てルールが，現場の条件や労働，資材および資金を要する供給ルールと関連づけられている。
(3) コモンズの操業に影響を受ける（できるだけ）多くの個人が，操業ルールの決定，修正に参加できる。
(4) コモンズの管理状況と利用者の行動の監督者は，利用者たち自身であるか，あるいは利用者に説明責任をもつ者である。
(5) 操業ルールの違反者は，他の利用者または監督者（あるいは両者）から，高い頻度で段階的な処罰を受ける。
(6) 利用者と監督者は，紛争を解決するためにローカルな場や機関に低コストで迅速にアクセスできる。
(7) 利用者がコモンズを管理するための制度を作る権利は，外部の政府機関によって妨げられない。
(8) 利用，供給，監督，実施，紛争解決，ガバナンスは，重層的に組織されている。

ゲーム理論によって，オストロムが実証研究で得た上記の知見の妥当性が理論的に解明され発展されることが期待されている。ローカルなコモンズの研究は，地球環境のようなグローバルなコモンズのガバナンスにとっても有益である。

事　例

北朝鮮の核問題と核不拡散の枠組み交渉

　北朝鮮は 1985 年に核兵器不拡散条約（Treaty on the Non-Proliferation of Nuclear Weapons：NPT）に加盟した。NPT に加盟した核兵器非保有国は国際原子力機関（International Atomic Energy Agency：IAEA）と保障措置協定を締結し，IAEA による核関連施設の査察を受けることが義務づけられている。しかし，北朝鮮は保障措置協定を受け入れず，核兵器を製造するために十分な量のプルトニウムを保有していることが疑われた。米ソの冷戦終結後，北朝鮮の外交政策が変化し，1992 年に北朝鮮は IAEA との保障措置協定に調印した。その後の IAEA による核査察において，北朝鮮が申告した核物質の量と IAEA による計量との間に不整合が発見され，IAEA は北朝鮮に対して保障措置協定の特別査察を要求した。北朝鮮はこれを受け入れず，1993 年 3 月に NPT からの脱退を表明した。同年 5 月，国連の安全保障理事会は北朝鮮に保障措置協定を遵守するよう求めた（第一次核危機）。危機を回避するため，国連安全保障理事会は加盟国に協力を要請し，米国は北朝鮮が求める二国間交渉を開始した。1994 年に米国と北朝鮮の間で「合意枠組み」（US-North Korea Agreed Framework）が構築された。枠組み合意では，北朝鮮は黒鉛減速炉を停止し，日本，韓国と米国は朝鮮半島エネルギー開発機構（KEDO）を設立し，軽水炉の建設を支援することが合意された。しかし，合意枠組みの実施は期待通りに進まず，北朝鮮はその間にミサイルを発射するなどの挑発行為を行った。2001 年 1 月に就任したジョージ・W. ブッシュ米国新大統領は，9 月の米国同時多発テロの後，北朝鮮をイラク，イランとともに「悪の枢軸」と非難した。2002 年，北朝鮮は核兵器製造のためウラン濃縮計画があることを認め，2003 年 1 月に NPT を脱退することを宣言した。それによって，二国間枠組み合意は崩壊した（第二次核危機）。

　危機を打開するため，2003 年 8 月に米国，中国，ロシア，日本，南北朝鮮が参加する六者協議が開始された。数回の協議を経て，2005 年 9 月の第 4 回六者協議で共同声明が採択された。共同声明では，六者協議の目的は平和的手段で朝鮮半島の検証可能な非核化を実現することが表明された。北朝鮮はすべての核兵器と核開発計画を放棄することを約束し，米国は朝鮮半島に核兵器を保有せず，北朝鮮を武力攻撃する意思のないことを確認

した。共同声明の後，合意内容の実施が目指されたが，米国がマカオにある中国系銀行，バンコ・デルタ・アジアにあった北朝鮮関連口座を凍結した。北朝鮮は協議の続行を拒否し，2006年7月5日にテポドン2号を含む弾道ミサイルを発射し，10月9日に最初の核実験を行った。10月14日に国連の安全保障理事会は制裁措置を伴う決議第1718号を全会一致で採択し，六者協議は2008年に中断した。その後，北朝鮮は2017年までに計6回の核実験を行っている。

北朝鮮核問題の多国間枠組み交渉は，本章第1節の制度形成の多段階交渉ゲームで定式化されたように，参加，合意形成，実施のプロセスに沿って行われた。1994年の第一次危機では，米国と北朝鮮による二国間合意枠組みに日本と韓国が参加した。合意内容は，北朝鮮が黒鉛減速炉を停止する見返りに，米国，日本と韓国は北朝鮮の軽水炉建設を支援し，発電と冬季暖房のための重油を供給するなどであった。しかし，合意の実施は期待通りには進まず，枠組み交渉は制度形成ゲームの合意の実行段階で失敗した。

第二次危機の六者協議では，米国，中国，ロシア，日本，南北朝鮮が枠組み交渉に参加し，北京で開催された6ラウンドの交渉を経て第四回協議で共同声明が採択された。その後，北朝鮮の核実験のために協議は中断し，合意形成は失敗した。六者協議のケースでは，制度形成ゲームの第二段階で枠組み交渉は失敗したといえる。制度形成ゲームの理論分析からは，六者協議が成功するための条件は合意の遵守が保証されるメカニズムの構築と，すべての参加国が合意により恩恵を受けるという有益性（ゲーム理論の用語では個人合理性）の確保とであることがわかる。特に，有益性の条件は北朝鮮が六者協議から脱退することを防止するために重要である。また，自由参加の条件下では，参加国が一国でも合意から離脱すれば全体の交渉が失敗するという意味で，すべての参加国の合意が不可欠であるという不可欠性の条件も交渉の成功に重要である。本章第1節の制度形成ゲームは参加プレイヤーが互いの利得を知る情報完備ゲームであるが，現実の交渉は北朝鮮の真の目的に関して他の国が不確実である情報不完備ゲームであり，枠組み交渉の成功は一層，困難である。本章第2節の制度形成の交渉実験の結果は，有益性だけでなく，合意の公平性や制度へのただ乗りに対する制裁が枠組み交渉の成功にとって重要であることを示唆している。

（参考文献）　久古 [2013]，平岩 [2007]，Huntley [2007]，Wit [2007]。

第12章

信　頼

人間は対立を克服して協力できるのか？

イントロダクション────────────────

　　信頼は私たちの社会生活を支える基盤である。国際社会において国と国の間や個人間の信頼は国際協力に不可欠である。さらに，信頼は経済取引を円滑にし，国の経済成長や国際貿易に大きな役割を果たす。対立と貧困を克服して平和と豊かさを実現するためには，国際社会での信頼や道徳的価値の醸成が大切である。ゲーム理論を用いて，信頼が人間行動において果たす役割を学ぶことができる。

　　信頼ゲームの実験研究は，途上国のマイクロファイナンスなどの状況では，多くの被験者は返済される保証がなくても相手を信頼してお金を相手に貸し，信頼された被験者は信頼に応えてお金を返済することを示している。ゲーム理論は，信頼の社会規範が人々の相互作用を通じて社会に定着するメカニズムを明らかにする。最新の研究では，世代間で信頼がどのように継承されるか，家族やコミュニティ，法律などの社会制度の強化は信頼の醸成を推進するか，または阻害するかなどの問題が考察されている。

────────────────────────────────

1 信頼と経済発展

　社会生活のほとんどすべてにおいて**信頼**（trust）は大きな役割をもつ。特に，国際社会において相互信頼は協力のための基盤である。経済活動においても，信頼は経済取引を円滑に行うために必要不可欠である。買い手は売り手が約束通りに財やサービスを提供することを信頼し，売り手は買い手が約

表 12-1　信頼度指標

ノルウェー	61.2	アイスランド	41.6	アルゼンチン	27.0
フィンランド	57.2	日　本	40.8	イタリア	26.3
スウェーデン	57.1	アイルランド	40.2	フランス	24.8
デンマーク	56.0	韓　国	38.0	ナイジェリア	22.9
カ ナ ダ	49.6	スペイン	34.5	チ　リ	22.7
オーストラリア	47.8	イ ン ド	34.3	ポルトガル	21.4
オランダ	46.2	オーストリア	31.8	メキシコ	17.7
アメリカ	45.4	南アフリカ	30.5	ト ル コ	10.0
イギリス	44.4	ベルギー	30.2	ブラジル	6.7
ス イ ス	43.2	ド イ ツ	29.8	平　　均	35.8

（出所）　Knack and Keefer［1997］より作成。

束通りに価格や料金を支払うことを信頼する。雇用契約では，雇用者は労働者が仕事を誠実に行うことを期待し，労働者は雇用者が約束通り賃金を支払ってくれることを期待する。投資や貯蓄は，銀行や証券会社が約束通りに資金を運用するという信頼の上に成立する。信頼が高い社会では，契約を実行するための取引費用は低く，経営者は多くの資源を労働者や取引相手の違法行為をモニターするために費やす代わりに，新技術のイノベーションのために投資することができる。

　社会の信頼度の指標として，世界価値観調査（World Values Survey）が広く利用されている。世界価値観調査は社会科学者の国際的ネットワークであり，1981 年から人々の価値観の変化と社会生活に及ぼすインパクトを調査している。信頼に関する質問は，「たいていの人は信頼できるか，または，人とのつきあいで注意が度をこすことはないか」である。表 12-1 は，1980 年から 1992 年の期間における調査データに基づいて，29 カ国の信頼度（「たいていの人は信頼できる」と答えた人の割合）を示している。信頼度の平均値は 35.8%（標準偏差 14%）である。信頼度と経済成長率は強い相関をもつことが実証されている（Knack and Keefer［1997］）。実証研究によると，信頼度の 10% 増加は成長率の 0.8% 増加に関連する。

信頼と経済成長の関係は，途上国においてより顕著である。途上国では，未発達な金融部門，不完備な所有権，契約不履行などの制度的不備と信頼度の低さが貧困の要因となっている。信頼度の低い社会の貧困をなくすためには，経済取引を円滑にする制度改革が必要である。

2 信頼ゲーム

　途上国の貧しい人々は，収入を得るために零細な事業を始めようとしても，銀行から事業資金を借りるために必要な土地などの担保をもたない。そのため，高い利子でしか資金を借りられず，貧困を克服することは困難である。途上国で金銭の貸借が円滑に行われるためには，貸し手と借り手の相互信頼が欠かせない。

　次のような貸し手と事業者のゲーム（Berg et al.［1995］）を考えよう。貸し手は資産 w のうち事業者に貸す金額 x を選択する。事業の収益率は $r > 1$ であり，事業者は収益 rx のうち貸し手に返済する金額 y を選択する。貸し手の利得は $w - x + y$ であり，借り手の利得は $rx - y$ である。図 12-1 は，ゲーム・ツリーを表す。このゲームは**信頼ゲーム**と呼ばれている。

　貸し手と事業者が私的利得を最大にする利己的な個人であると仮定する。このとき，借りた金額 x が何であろうと，返済しないことが事業者の最適戦略であり，$y = 0$ である。事業者の行動を前提とすると，貸し手の最適戦

図 12-1　信頼ゲーム

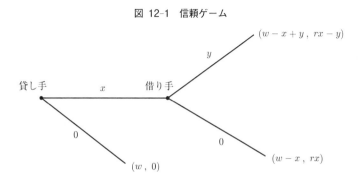

略は事業者に資金を貸さないことであり，$x = 0$である。ゲームのただ一つの部分ゲーム完全均衡は，$x = y = 0$である。均衡では，貸し手は事業者に資金を貸さず，二人の利得はそれぞれwと0である。事業の収益率rは1より大きいので，部分ゲーム完全均衡はパレート最適ではない。

　信頼ゲームでは，利己的な貸し手は事業者が返済しないことを合理的に推論して資金を貸さない。もし貸し手が正の金額を事業者に貸せば，貸し手は事業者が将来，収益の一部を返済してくれるという期待をもっていることを意味し，貸した額は貸し手の事業者に対する信頼の指標と考えられる。他方，利己的な事業者は返済しない。もし事業者が正の金額を返済すれば，返済額は事業者が信頼できる（trustworthy）かどうかの指標となる。貸し手は事業者を信頼して資金を貸し，事業者は貸し手の信頼に応えて返済する。

　信頼ゲームの最初の実験は，ミネソタ大学の学部生によって$w = 10$（ドル）と$r = 3$のパラメータの条件下で行われた（Berg et al. [1995]）。32名の貸し手のうち，30名は正の金額を貸した。貸した金額は1ドルから10ドルまで広く分布した。5名は10ドル全額を事業者に貸した。貸した金額の平均値は5.16ドルであった。1ドルより多く借りた28名の事業者のうち12名は，返済しないか1ドルしか返済しなかった。同じ28名の事業者のうち11名は借りた額より多く返済した。返済額の平均値は，4.66ドルであった。信頼ゲームの実験結果は，自分の金銭的利得を大きくしようとする利己性だけでなく，相手に対する信頼と相手の信頼に応えようとする互恵性も被験者の行動誘因であることを示している。

　信頼ゲームの実験は一回限りのプレイであり，報酬や処罰の機会はない。したがって，正の額を返済する行動は，信頼に応えるという互恵性の社会規範を被験者がもっている可能性を示唆する。**社会化**（socialization）は個人が社会規範を身につけるプロセスである。社会組織における人々の行動履歴の公共情報は社会化のプロセスを強化するだろうか？　この問題を調べるために，信頼ゲームの二回目の実験が行われた。新しい28組の被験者が，最初の実験結果を知らされた後で信頼ゲームをプレイした。28名の貸し手のうち25名は正の額を事業者に貸し，貸した金額の平均値は5.36ドルであ

った。1ドルより多く借りた24名の事業者のうち6名だけが返済しないか1ドルしか返済しなかった。13名の事業者は借りた額より多くを返済した。返済額の平均値は6.46ドルであった。

　二回目の信頼ゲームの実験では，最初の実験結果の情報が与えられた後に事業者による返済行動が正の向きに変化し，実験結果は行動履歴の社会情報が社会規範の内在化を強化するという仮説を支持する。最初の実験では，19名の事業者（約3分の2）は借りた額より多くを返済しなかった。この事実を知らされたにもかかわらず貸し手が正の金額を貸した行動を，事業者は貸し手による信頼と認識し，その結果，互恵性の規範により返済額が増加したと解釈できる。

　途上国の貧しい人々への貸付事業で大きな役割を果たしているのが，**マイクロファイナンス**（小口信用貸付）である。マイクロファイナンスは，貧しい人々（特に女性）に担保なしで少額の資金を貸し付け，人々が事業を起こし収入を得ることを援助している。代表例は，1976年に設立されたバングラディッシュのグラミン銀行（Grameen Bank）である。グラミン銀行と創始者のM. ユヌス総裁は，マイクロクレジットを通じて途上国の貧困削減に貢献した功績で2006年にノーベル平和賞を受賞した。グラミン銀行の借り手は約900万人で約24億ドルの貸付を行っている。[1]

　マイクロファイナンスは高い返済率を実現するために，「グループ貸付」の手法を採用している。借り手は，自主的に3名から8名のグループを作り，グループのメンバーは返済の連帯責任を負う。もし一人でも返済できなければ，他のメンバーも新たなローンを借りられない。グループ貸付が高い返済率を実現した理由は，いくつか考えられる。一つは，**自己選抜**（self-selection）のメカニズムである。借り手は，連帯責任のため返済できなくなるリスクの高いメンバーとはグループを作りたくない。お互いをよく知る借り手はリスクの低いメンバー同士でグループを作る。これにより，連帯責任を伴うグループに参加した借り手は，返済不履行になるリスクが低いというシグナルを貸し手に送ることができる。もう一つは，**相互監視**（peer monitoring）による**モラル・ハザード**（moral hazard）の防止である。貸し手

にとって借り手の行動を監視することは困難であるが，グループのメンバー同士は低いコストで互いの行動を監視でき，返済不能になるリスクを下げることができる。

　借り手の間の相互信頼は，マイクロファイナンスの成功に大きな影響を与える。信頼度の高い借り手によるグループでは，各メンバーは他のメンバーの信頼に応えようと高い返済率を実現することが予想される。カーラン（Karlan［2005］）は，信頼とグループ貸付のパフォーマンスを検証する実験を行った。ペルーのマイクロファイナンス機関である FINCA（Foundation for International Community Assistance）の借り手を被験者として信頼ゲームの実験を行い，信頼ゲームでの行動と被験者の FINCA での返済実績の関係を調べた。事業者として信頼ゲームに参加し「信頼に応える」指標の高かった被験者は，1 年後に高い頻度で FINCA での借入金を返済した。これに対して，貸し手として信頼ゲームに参加し「信頼する」指標の高かった被験者の返済率は低かった。この実証研究は，「信頼に応える」（trustworthy）という借り手の社会性がグループ貸付の成功の重要な要因であることを示している。

3 信頼行動の進化

　人々は，社会の他の人々との相互作用を通じて，信頼の社会規範を学習し身につけていくと考えられる。信頼の規範がある社会では，人々は信頼を裏切られることは少なく，他の人を信頼して行動することが多くなる。逆に，信頼の規範がない社会では信頼が裏切られることが多く，人々は他の人を信頼しなくなる。社会規範の学習は，家族やコミュニティなどの小さな社会では大規模な社会に比べて容易であると予想できる。この節では，信頼行動の社会規範が人々の相互作用を通じてどのように定着できるかを，進化ゲーム理論のモデルを用いて考えよう[2)]。

　社会で人々が繰り返し経済取引をする状況を考える。個人は取引で売り手になることも買い手になることもある。取引は売り手と買い手の相互信頼

の上に成り立つ。例えば，売り手は買い手が約束通り支払いをしてくれることを信頼して商品を渡す。買い手は売り手が約束通りの商品を渡してくれることを信頼して，商品の購入を決める。売り手と買い手は，表 12-2 のような囚人のジレンマをプレイする。プレイヤーは協力行動（C）と非協力行動（D）の二つをもつ。

表 12-2　信頼の囚人のジレンマ

自分 ＼ 相手	C	D
C	2, 2	0, 3
D	3, 0	1, 1

　社会は n 人のプレイヤーから成り立ち，プレイヤーはランダムに相手プレイヤーとマッチして 51 回ゲームをプレイする。プレイヤーは他の一人のプレイヤーとゲームをプレイした後，さらに 50 回ゲームをプレイする。

　n が無限大のとき，同じプレイヤーと 2 回プレイすることはほとんどないので，囚人のジレンマを 1 回だけプレイする状況である。ゲームのただ一つのナッシュ均衡では，二人のプレイヤーは非協力（D）を選択し，相手を信頼して協力（D）を選択することはない。

　n が有限のとき，プレイヤーは他の各プレイヤーとはそれぞれ確率 $1/n$ でマッチするので，同じプレイヤーと再びマッチする平均回数は $50/n$ である。したがって，二人のプレイヤーは平均 $1 + 50/n$ 回ゲームをプレイする状況である。プレイヤーの戦略として，

　　　信頼戦略：最初は C をとる。相手が信頼を裏切ったら，以後 D をとる。
　　　非信頼戦略：相手を信頼せず，いつも D をとる。

の二種類を考える。戦略の組に対するプレイヤーの総利得は，表 12-3 で与えられる。簡単化のため，プレイヤーは将来利得を割り引かないと仮定する。表 12-3 でゲームの回数は $T = 1 + 50/n$ である。

　$T > 2$ すなわち $n < 50$ のとき，信頼戦略の組と非信頼戦略の組はナッシュ均衡である。適応行動の位相図（図 12-2）を用いて，信頼の社会規範が進化的に安定かどうかを調べる。

表 12-3　囚人のジレンマのランダム・マッチング・ゲーム

相手\自分	信頼戦略	非信頼戦略
信頼戦略	$2T$, $2T$	$T-1$, $T+2$
非信頼戦略	$T+2$, $T-1$	T , T

図 12-2　信頼の適応行動の位相図

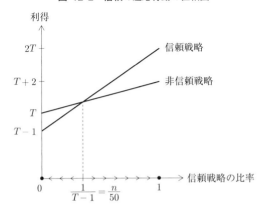

図 12-2 より，信頼戦略の比率が $1/(T-1) = n/50$ 未満のとき，非信頼戦略の利得の方が信頼戦略の利得より大きく，非信頼戦略が社会により適応し信頼戦略の比率は減少する。逆に，信頼戦略の比率が $1/(T-1)$ より大きいとき，信頼戦略の利得の方が非信頼戦略の利得より大きく，信頼戦略が社会に適応し信頼戦略の比率は増加する。したがって，信頼戦略と非信頼戦略はともに進化的に安定な戦略である。社会のプレイヤー数 n が小さくなれば，信頼戦略の適応領域は拡大し，信頼の社会規範が定着する可能性が大きくなる。

　社会が多数のプレイヤーからなる（$n > 50$）とき，信頼戦略の組はナッシュ均衡でなく，信頼の社会規範は定着しない。社会の人口が増えると，人々の相互処罰のメカニズムの下では信頼行動は実現せず，契約違反を防ぐためには法律などのフォーマルな社会制度が必要となる。

4 道徳価値の文化的継承

　繰り返しゲームの理論（第7章）は，長期的関係における利得と費用の合理的計算により，利己的なプレイヤーでも長期的な視点から短期的利得を犠牲にしても他の人と協力をすることが可能であることを示している。経済利得の合理的な計算の他に，人間は**内在化**（internalize）された協力や信頼の**道徳的価値**を基に他人と協力することが可能である。また，人間は道徳的価値を生物的遺伝ばかりでなく社会学習や社会適応などの**文化的継承**（cultural transmission）を通じて内在化することができる。この節では，道徳価値の文化的継承のゲームモデルを説明しよう（Tabellini [2008]）。

　表12-2の囚人のジレンマを再び考える。プレイヤーは協力行動（C）と非協力行動（D）の二つをもつ。表12-4（表12-2と同じ）の利得は，プレイヤーの経済的利得を表し，経済的利得に関しては非協力行動（D）はプレイヤーの支配戦略である。

表 12-4　囚人のジレンマの経済的利得

自分＼相手	C	D
C	2 , 2	0 , 3
D	3 , 0	1 , 1

　ここでは，通常の囚人のジレンマのモデルと異なり，プレイヤーは協力行動（C）から道徳的価値に基づく心理的効用2を得るとする。ただし，道徳的価値による心理的効用は相手との**社会的距離**（social distance）が大きくなるにつれて小さくなるとする。社会的距離は，地理的距離の他に，血縁関係，民族，宗教，言語，友人関係などの社会的次元による距離を表す。相手との社会的距離が y であるとき，プレイヤーは協力行動から $2(1 - ty)$ の心理的効用を得るとする。パラメータ t（$t > 0$）は，心理的効用の社会的距離に関する減少率を表す。減少率 t は二通りの値 t_0, t_1（$t_0 > t_1$）をとるとする。減少率が大きなプレイヤーは，身近な親族や友人との協力行動から心理

図 12-3　円周上のランダム・マッチング

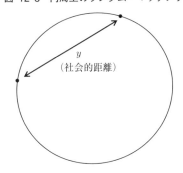

y
（社会的距離）

的効用を得るが，社会的距離が離れている他人と協力しても小さな心理的効用しか得られない。これに対して，減少率が小さなプレイヤーは身近な相手ばかりでなく社会的距離が離れている他人に協力しても同程度の心理的な効用を得る。減少率が大きなプレイヤーを低協力タイプ（タイプ L），減少率が小さなプレイヤーを高協力タイプ（タイプ H）と呼ぶ。

　次のようなランダム・マッチング・ゲームを考える。直径 S の円周上にプレイヤーが分布している。円周の各点におけるタイプ H のプレイヤーの比率を n（$0 < n < 1$）とする。プレイヤーは他のプレイヤーとランダムにマッチし，相手との社会的距離 y を観察できるが，相手のタイプは観察できない（図 12-3）。

　距離 y の相手とマッチするとき，各プレイヤーの最適行動を調べる。相手プレイヤーが協力する平均確率を $p = p(y)$ とする。このとき，C を選択すれば利得 $2p + 2(1 - ty)$ を得る。D を選択すれば利得 $3p + (1 - p)$ を得る。したがって，

$$2p + 2(1 - ty) > 3p + (1 - p) \tag{12. 1}$$

ならば，C を選択することが最適である。式（12. 1）は $y < 1/2t$ と同値である。各 $j = 0, 1$ に対して，$Y^j = 1/2t^j$ とおく。タイプ L のプレイヤーは相手との距離が Y^0 未満ならば協力する。タイプ H のプレイヤーは相手との距離が Y^1 未満ならば協力する。

ランダム・マッチング・ゲームの均衡は，次のようになる。円周は二人のプレイヤーの距離によって三つの区間 $0 \leq y < Y^0$, $Y^0 \leq y < Y^1$, $Y^1 \leq y \leq S$ に分割され，

(1) 区間 $0 \leq y < Y^0$ では，どのタイプのプレイヤーも C をとる。

(2) 区間 $Y^0 \leq y < Y^1$ では，タイプ H のプレイヤーは C をとり，タイプ L のプレイヤーは D をとる。

(3) 区間 $Y^1 \leq y \leq S$ では，どのタイプのプレイヤーも D をとる。

表 12-5 は，各タイプのプレイヤーの行動をまとめている。

表 12-5　プレイヤーの均衡行動

	0	Y^0	Y^1	S
タイプ L	C	D	D	
タイプ H	C	C	D	

相手との社会的距離が近い場合，道徳価値による心理的効用によりどのタイプのプレイヤーも協力する。相手との社会的距離が中間の場合，道徳価値による心理的効用が減少するので，タイプ L のプレイヤーは協力しない。相手との社会的距離が大きい場合，道徳価値による心理的効用が小さく，どのタイプのプレイヤーも協力しない。

次に，協力や信頼の道徳価値が世代間でどのように継承されるかを分析する。ここでは，文化的継承のメカニズムとして親から子への教育を考える。親は子の期待効用を合理的に計算して道徳価値を教育するかどうかを選択する。親は子の効用のうち経済的利得については子と同じように評価するが，道徳価値からの心理的効用は，子の価値観ではなく自分自身の価値観で評価する。子の教育にあたって，親は子の経済的欲求については**共感**（empathy）し尊重するが，自分の道徳価値に基づいて子の行動を評価する。

表 12-5 を利用して，それぞれのタイプの親がそれぞれのタイプの子の期待効用をどのように評価するかを調べる。区間 $0 \leq y < Y^0$ では，どのタイプの子も C をとるので，どのタイプの親もタイプ H の子とタイプ L の子を同じように評価する。区間 $Y^0 \leq y < Y^1$ では，タイプ L の子は D を

とり，タイプ H の子は C をとる。タイプ L の子は D の方が C より高い効用を得る。タイプ L の親はタイプ L の子と同じ価値観をもつので，（D をとる）タイプ L の子を（C をとる）タイプ H の子より高く評価する。同じ理由により，タイプ H の親は（C をとる）タイプ H の子を（D をとる）タイプ L の子より高く評価する。区間 $Y^1 \leq y \leq S$ では，どのタイプの子も D をとるので，どのタイプの親もタイプ H の子とタイプ L の子を同じように評価する。全区間 $0 \leq y \leq S$ にわたるランダム・マッチングによる期待効用を比較すると，親の子に対する評価は次のようになる。

親の子に対する評価：親は自分と同じタイプの子を異なるタイプの子より高く評価する。

親の教育は子をタイプ H に育てる活動であるとする。このとき，親の子に対する評価より，タイプ H の親だけが子を教育することがわかる。次のような文化的継承のメカニズムを考える。親が努力水準 e により子を教育するとき，子は確率 $a + e$ でタイプ H になる。パラメータ a は，教育を受けなくても子が自然にタイプ H になる子の自然成長率を表す。このとき，社会におけるタイプ H の子の比率 n_t の変化は，

$$n_t = n_{t-1}(a + e) + (1 - n_{t-1})a = en_{t-1} + a \qquad (12.\ 2)$$

となる。教育努力 e に要する費用 $c(e)$ が二次関数 $ke^2/2$ とする。ここで k は教育の限界費用の増加率である。タイプ H の親の最適な教育努力レベル e^* は，親の期待効用

$$(a + e)U_H + (1 - a - e)U_L - \frac{1}{2}ke^2$$

の最大解である。ここで，U_H と U_L はそれぞれタイプ H とタイプ L の子をもつ場合の親の効用である。最適解の一階条件より，

$$e^* = \frac{1}{k}(U_H - U_L)$$

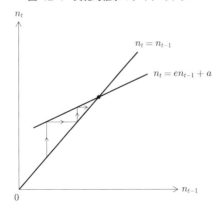

図 12-4　文化的継承のダイナミックス

$$n_t = n_{t-1}$$

$$n_t = en_{t-1} + a$$

n_t

n_{t-1}

0

となる。限界費用の増加率 k が大きいとき，最適な教育努力 e^* のレベルは小さく，図12-4のようにタイプ H の子の比率 n_t は定常点に収束することが示される（Tabellini［2008］）。

　親の合理的な教育選択によって，協力や信頼の道徳価値は子に継承され，世代を通じた文化的継承によって社会における道徳価値のレベルは定常点に収束する。定常点では，高協力タイプと低協力タイプが混在する。

5　信頼と社会制度

　社会には，家族やコミュニティなどのインフォーマルな制度から法律などのフォーマルな制度まで多様な社会制度が存在する。社会制度は，報酬や処罰を通じて約束や契約を実行させる機能をもつ。前節の道徳価値の文化的継承のモデルを用いて，社会制度の強化は道徳価値の育成にどのような影響を与えるかを分析する。

　社会制度の下では，表12-4の囚人のジレンマの利得は表12-5のように変化する。行動の組（C, D）が選択されたとき，裏切り行動が確率 $q(y)$ で発見され，利得（2, 1）が実現する。y はプレイヤーの社会的距離である。裏切られたプレイヤーの利得は制度により利得 0 から相互協力の利得 2 に

復元され，裏切ったプレイヤーの利得は制度による処罰によって利得 3 から非協力利得 1 に下がる。裏切り行動が発見されないときは，表 12-4 のように利得は $(0, 3)$ である。行動の組 (D, C) が選ばれたときも同様である。行動の組 (C, C) と (D, D) に対する利得は表 12-4 と同じである。

表 12-6　社会制度の下での利得表

自分＼相手	C	D
C	2, 2	$2q, 3-2q$
D	$3-2q, 2q$	1, 1

前節と同じく，相手が協力する平均確率を $p(y)$ とする。社会制度の下では，

$$2p + 2q(1-p) + 2(1-ty) > p\{q + 3(1-q)\} + 1 - p \quad (12.3)$$

ならば，各プレイヤーは C を選択することが最適である。式（12.3）は $y < (1+2q)/2t$ と同値である。各 j $(= 0, 1)$ に対して，$Y^j(q) = (1+2q)/2t^j$ とおく。社会制度の下でのランダム・マッチング・ゲームの均衡は，表 12-5 と同様であるが，各 Y^j は $Y^j(q)$ に変化する。$Y^j < Y^j(q)$ であるから，プレイヤーの行動を決める社会的距離の境界点 Y^0 と Y^1 は右にシフトする。

社会制度が裏切り行動を発見する確率 $q(y)$ の値は二通りであるとし，区間 $0 \leq y \leq Y^{0\prime}$（ただし $Y^{0\prime}$ は Y^0 の右側の近くの点）上で q^0，区間 $Y^{0\prime} \leq y \leq S$ 上で q^1 とする。裏切り行動の発見確率パラメータ q^0 は，家族やコミュニティなど社会的距離が近いプレイヤーに適用される協力の強制力を表す。パラメータ q^1 は，法律など社会的距離が遠いプレイヤーに適用される協力の強制力を表す。パラメータ q^0 の増加は家族やコミュニティなどインフォーマルな社会制度の強化を意味し，パラメータ q^1 の増加は法律などフォーマルな社会制度の強化を意味する。

インフォーマルな社会制度の強化は，境界点 $Y^0(q)$ を右側にシフトさせ，表 12-5 における区間 $0 \leq y < Y^0$ を拡大し，区間 $Y^0 \leq y < Y^1$ を縮小させ

る。したがって，タイプ H の親が子を教育するインセンティブが下がり教育の努力水準が減少する。その結果，道徳価値の育成が阻害される。これに対して，フォーマルな社会制度の強化は，境界点 $Y^1(q)$ を右側にシフトさせ，区間 $Y^0 \leq y < Y^1$ を拡大する。したがって，タイプ H の親が子を教育するインセンティブを上げ教育の努力水準が増加する。その結果，道徳価値の育成が促進される。以上の議論をまとめると，次の命題を得る。

> 社会制度が道徳価値に及ぼす影響：家族やコミュニティなどのインフォーマルな制度の強化は道徳価値の育成を阻害し，法律などのフォーマルな制度の強化は道徳価値の育成を促進する。

社会心理学者の山岸俊男 [1999] は，信頼の社会調査によって，日本人は米国人に比べて人間に対する一般的な信頼度が低いことを明らかにした。山岸は「信頼の解き放ち」理論を提示して，次のように論じている。日本社会は，コミットされた個人的ネットワークが重要な社会である。人々が個人的関係にコミットし裏切りがないとして安心できる社会では，人間に対する一般的な信頼は必要がなく，その結果，信頼は育たない。日本社会は，仲間，会社，コミュニティなどローカルな社会制度が強く，人間一般に対する信頼の醸成が阻害される。道徳価値の文化的継承のゲームモデルは，「信頼の解き放ち」理論のためのゲーム理論的基礎を与えている。

ま と め

(1) 国際社会において相互信頼は国際協力を支える基盤である。
(2) 信頼行動の社会進化や信頼価値の文化的継承の問題がゲーム理論を用いて研究されている。

練習問題

①　本章第1節の世界価値観調査で国によって人々の信頼度指標が異なることについてあなたの考えを述べなさい。

②　国際協力の事例を一つとり上げ，信頼が果たす役割について述べなさい。

注 ────────────────────────────

1）　データはグラミン銀行の HP より引用している。
　http://www.grameen.com/最終アクセス日 2020 年 2 月 5 日。
2）　第 3 節の説明は，Wydick［2008］を参考にしている。

日本の大学生が選ぶ国際協力・開発の事例

成城大学社会イノベーション学部の 2019 年度授業「国際協力・開発イノベーション論」での前期末レポートの課題は，

「国際協力・開発の事例を一つとり上げ，現状，問題点，解決策についてゲーム理論を用いて考察しなさい」

であった。

300 名の受講生が考察した事例のトップ 5 は，地球環境問題，日本のODA，自由貿易問題，北朝鮮問題，日本の安全保障，であった。他の事例は，途上国の労働・保健医療問題，軍拡競争，貧困問題，日韓関係，難民移民問題，領土問題，EU 離脱，教育問題，ジェンダー，イラン核合意，資源開発，内戦問題，契約交渉，災害援助，外国人労働者，スコットランド独立，G20，サイバーセキュリティ，中国台湾問題，漁業問題，いじめ問題などであった。

大学生は，日本が関わる国際社会の広い問題に関心をもっている。

参考文献

学習用の文献案内

読者がさらに学習を進めるために有用なゲーム理論と国際関係論の関連文献を紹介する。なお，本書の参照文献リストに記載した日本語文献も，読者にとって有用と思われるので，学習の参考書として利用していただきたい。

◆ ゲーム理論の入門テキスト

天谷研一［2011］『図解で学ぶゲーム理論入門』日本能率協会マネジメントセンター。

岡田章［2014］『ゲーム理論・入門——人間社会の理解のために（新版）』有斐閣。

岡田章（監修・著）加茂知幸・三上和彦・宮川敏治（著）［2015］『ゲーム理論ワークブック』有斐閣。

川越敏司［2010］『行動ゲーム理論入門』NTT 出版。

佐藤嘉倫［2008］『ゲーム理論——人間と社会の複雑な関係を解く』新曜社。

鈴木光男［1999］『ゲーム理論の世界』勁草書房。

中山幹夫・武藤滋夫・船木由喜彦（編）［2000］『ゲーム理論で解く』有斐閣。

武藤滋夫［2001］『ゲーム理論入門』（日経文庫）日本経済新聞出版社。

渡辺隆裕［2008］『ゼミナール ゲーム理論入門』日本経済新聞出版社。

◆ ゲーム理論の中級テキスト

グレーヴァ香子［2011］『非協力ゲーム理論』知泉書館。

中山幹夫［2005］『社会的ゲームの理論入門』勁草書房。

船木由喜彦［2012］『ゲーム理論講義』新世社。

モロー，J.（石黒馨監訳）［2016］『政治学のためのゲーム理論』勁草書房。

山岸俊男［1998］『信頼の構造——こころと社会の進化ゲーム』東京大学出版会。著者が提唱した「信頼の解き放ち理論」が解説されている。

◆ 政治学と国際関係論の入門テキスト

鈴木基史［2017］『グローバル・ガバナンス論講義』東京大学出版会。

砂原庸介・稗田健志・多湖淳［2015］『政治学の第一歩』有斐閣。

原彬久（編）［2016］『国際関係学講義（第 5 版）』有斐閣。

山影進［2012］『国際関係論講義』東京大学出版会。

◆　国際関係論の中級テキスト

飯田敬輔［2007］『国際政治経済』東京大学出版会。

猪口孝［2007］『国際関係論の系譜』東京大学出版会。

コヘイン，R.O.＝ナイ，J.S.（滝田賢治監訳）［2012］『パワーと相互依存』ミネルヴァ書房。

鈴木基史［2007］『平和と安全保障』東京大学出版会。

中西寛・石田淳・田所昌幸［2013］『国際政治学』有斐閣。

山本吉宣［2008］『国際レジームとガバナンス』有斐閣。

◆　ゲーム理論を解説した国際関係論の入門および中級テキスト

アクセルロッド，R.（松田裕之訳）［1998］『つきあい方の科学——バクテリアから国際関係まで』ミネルヴァ書房。囚人のジレンマの繰り返しゲームを用いてしっぺ返し戦略の進化的安定性を論じ，ゲーム理論のコンピュータ実験研究の先駆けとなった書物。

浅子泰史［2018］『ゲーム理論で考える政治学——フォーマルモデル入門』有斐閣。

石黒馨［2007］『入門・国際政治経済の分析——ゲーム理論で解くグローバル世界』勁草書房。

シェリング，T.（河野勝監訳）［2008］『紛争の戦略——ゲーム理論のエッセンス』勁草書房。ゲーム理論を国際関係論に応用し紛争の戦略を解明した古典的名著。

松原望・飯田敬輔（編）［2012］『国際政治の数理・計量分析入門』東京大学出版会。

本書の参照文献

◆　日本語文献

アロー，K. J.（長名寛明訳）［2013］『社会的選択と個人的評価（第 3 版）』勁草書房。

大芝亮・藤原帰一・山田哲也（編）『平和政策』有斐閣。

岡田章［2005］「データ検証問題とゲーム理論——核不拡散条約の事例」今井晴雄・岡田章（編）『ゲーム理論の応用』勁草書房，267-300。

岡田章［2011］『ゲーム理論（新版）』有斐閣。

ギボンズ，R.［1995］（福岡正夫・須田伸一訳）『経済学のためのゲーム理論入門』

創文社。

久古聡美［2013］「北朝鮮の核問題をめぐる経緯と展望——金正恩体制下の動向を中心に」『調査と情報』第 775 号，国立国会図書館。

黒崎卓・粟田匡相［2016］『ストーリーで学ぶ開発経済学——途上国の暮らしを考える』有斐閣。

シェリング，T.（村井章子訳）［2016］『ミクロ動機とマクロ行動』勁草書房。

下村恭民・辻一人・稲田十一・深川由起子［2016］『国際協力——その新しい潮流（第 3 版）』有斐閣。

鈴木基史［2000］『国際関係』東京大学出版会。

鈴木基史・岡田章（編）［2013］『国際紛争と協調のゲーム』有斐閣。

高木保興（編）［2004］『国際協力学』東京大学出版会。

ドーキンス，R.（日高敏隆・岸由二・羽田節子・垂水雄二訳）［2006］『利己的な遺伝子（増補新装版）』紀伊國屋書店。

トマセロ，M.（橋彌和秀訳）［2013］『ヒトはなぜ協力するのか』勁草書房。

ナイ，J. S., Jr.＝ウェルチ，D. A.（田中明彦・村田晃嗣訳）［2017］『国際紛争——理論と歴史（原書第 10 版）』有斐閣。

ノース，D. C.（竹下公視訳）［1994］『制度・制度変化・経済成果』晃洋書房。

平岩俊司［2007］「北朝鮮核問題と 6 者協議」『アジア研究』第 53 号，25-42。

メイナード・スミス，J.（寺本英・梯正之訳）［1985］『進化とゲーム理論——闘争の論理』産業図書。

山岸俊男［1999］『安心社会から信頼社会へ——日本型システムの行方』（中公新書）中央公論新社。

◆ 外国語文献

Bagwell, K. and Staiger, R. W.［1999］"An Economic Theory of GATT," *American Economic Review*, Vol.89, 215-248.

Bates, R. H.［1988］"Contra Contractarianism: Some Reflections on the New Institutionalism," *Politics and Society*, Vol.16, 387-401.

Berg, J., Dickhaut, J. and McCabe, K.［1995］"Trust, Reciprocity, and Social History," *Games and Economic Behavior*, Vol.10, 122-142.

Camerer, C. F.［2003］*Behavioral Game Theory: Experiments in Strategic Interaction*, Princeton University Press.

Fearon, J. D.［1995］"Rationalist Explanations for War," *International Organization*, Vol.49, 379-414.

Furusawa, T. and Konishi, H. [2007] "Free Trade Networks," *Journal of International Economics*, Vol.72, 310–335.

Gale, D. and Shapley, L. [1962] "College Admissions and the Stability of Marriage," *American Mathematical Monthly*, Vol.69, 9–15.

Gibbard, A. [1973] "Manipulation of Voting Schemes: A General Result," *Econometrica*, Vol.41, 587–601.

Huntley, W. L. [2007] "U. S. Policy toward North Korea in Strategic Context: Tempting Goliath's Fate," *Asian Survey*, Vol.47, 455–480.

Jackson, M. O. and Wolinsky, A. [1996] "A Strategic Model of Social and Economic Networks," *Journal of Economic Theory*, Vol.71, 44–74.

Jervis, R. [1978] "Cooperation under the Security Dilemma," *World Politics*, Vol.30, 167–214.

Karlan, D. S. [2005] "Using Experimental Economics to Measure Social Capital and Predict Financial Decisions," *American Economic Review*, Vol.95, 1688–1699.

Knack, S. and Keefer, P. [1997] "Does Social Capital Have an Economic Payoff? A Cross-Country Investigation," *Quarterly Journal of Economics*, Vol. 112, 1251–1288.

Kosfeld, M., Okada, A. and Riedl, A. [2009] "Institution Formation in Public Goods Games," *American Economic Review*, Vol.99, 1335–1355.

Moulin, H. [1988] *Axioms of Cooperative Decision Making*, Cambridge University Press.

Nishimura, T., Okada, A. and Shirata, Y. [2017] "Evolution of Fairness and Coalition Formation in Three-Person Ultimatum Games," *Journal of Theoretical Biology*, Vol.420, 53–67.

Okada, A. [1993] "The Possibility of Cooperation in an n-Person Prisoners' Dilemma with Institutional Arrangements," *Public Choice*, Vol.77, 629–656.

Okada, A. [2017] "International Cooperation and Institution Formation: A Game Theoretic Perspective," in Suzuki, M. and Okada, A. (eds.), *Games of Conflict and Cooperation in Asia*, Springer, 137–158.

Okada, A. [2020] "The Cultural Transmission of Trust and Trustworthiness," *Journal of Economic Behavior and Organization*, Vol.169, 53–69.

Okada, A. and Riedl, A. [2005] "Inefficiency and Social Exclusion in a Coalition Formation Game: Experimental Evidence," *Games and Economic Behavior*,

Vol.50, 278-311.

O'Neill, B. [1986] "International Escalation and the Dollar Auction," *Journal of Conflict Resolution*, Vol.30, 33-50.

Ostrom, E. [1990] *Governing the Commons: The Evolution of Institutions for Collective Action*, Cambridge University Press.

Rubinstein, A. [1992] "Comments on the Interpretation of Repeated Games Theory," in J.-J. Laffont (ed.), *Advances in Economic Theory: Sixth World Congress*, Vol.1, Cambridge University Press, 175-181.

Satterthwaite, M. A. [1975] "Strategy-proofness and Arrow's Conditions: Existence and Correspondence Theorems for Voting Procedures and Social Welfare Functions," *Journal of Economic Theory*, Vol.10, 198-217.

Suzuki, M. and Okada, A. (eds.) [2017] *Games of Conflict and Cooperation in Asia*, Springer.

Tabellini, G. [2008] "The Scope of Cooperation: Values and Incentives," *Quarterly Journal of Economics*, Vol.123, 905-950.

Warneken, F. and Tomasello, M. [2006] "Altruistic Helping in Human Infants and Young Chimpanzees," *Science*, Vol.311, 1301-1303.

Wit, J. S. [2007] "Enhancing U.S. Engagement with North Korea," *The Washington Quaterly*, Vol.30, 53-69.

Wydick, B. [2008] *Games in Economic Development*, Cambridge University Press.

索　引

■著者紹介

岡 田　章（おかだ・あきら）

一橋大学名誉教授

1982 年，東京工業大学大学院総合理工学研究科システム科学専攻
博士課程修了（理学博士）。同大学理学部情報科学科助手，埼玉
大学大学院政策科学研究科助教授，京都大学経済研究所助教授，
同研究所教授，一橋大学大学院経済学研究科教授，京都大学経済
研究所教授等を経て現職

専攻：ゲーム理論，理論経済学

主著：『ゲーム理論』（初版 1996 年，新版 2011 年，有斐閣）；『経
済学・経営学のための数学』（2001 年，東洋経済新報社）；『ゲ
ーム理論の新展開』（共編著，2002 年，勁草書房）；『ゲーム理
論の応用』（共編著，2005 年，勁草書房）；『ゲーム理論・入門』
（初版 2008 年，新版 2014 年，有斐閣）；『国際紛争と協調のゲ
ーム』（共編，2013 年，有斐閣）；『ゲーム理論ワークブック』
（監修・著，2015 年，有斐閣）

国際関係から学ぶゲーム理論──国際協力を実現するために
Game Theory in International Relations:
　Achieving International Cooperation

2020 年 4 月 20 日　初版第 1 刷発行

著　者　　岡　田　　　章

発行者　　江　草　貞　治

発行所　　株式会社　有　斐　閣

郵便番号 101-0051
東京都千代田区神田神保町 2-17
電話　(03) 3264-1315〔編集〕
　　　(03) 3265-6811〔営業〕
http://www.yuhikaku.co.jp/

印刷・大日本法令印刷株式会社／製本・大口製本印刷株式会社
©2020, Akira Okada. Printed in Japan
落丁・乱丁本はお取替えいたします。
★定価はカバーに表示してあります。

ISBN 978-4-641-16564-9